FISCALIDAD DE LA EMPRESA EN ESPAÑA

PABLO ANTONIO MORENO VALERO

FISCALIDAD DE LA EMPRESA EN ESPAÑA

CEDEU

Editorial Sindéresis

1ª edición, 2024

© Pablo Antonio Moreno Valero
© 2024, editorial Sindéresis
Calle Princesa, 31, planta 2, puerta 2 – 28008 Madrid, España
info@editorialsinderesis.com
www.editorialsinderesis.com

ISBN: 978-84-10120-46-4
Depósito legal: M-18250-2024
Produce: Óscar Alba Ramos

Impreso en España / Printed in Spain

ÍNDICE

1. INTRODUCCIÓN

1. CONCEPTO DE TRIBUTO

En el ordenamiento español a diferencia del ordenamiento alemán no hay un concepto de tributo ni en la Constitución Española (CE) ni en la Ley General Tributaria (LGT). Por tanto, no hay ningún precepto que defina el tributo. La LGT ofrece muchos conceptos de las distintas clases de tributos, pero no existe definición del concepto, del género tributo, y sí nos da concepto de las distintas especies de tributos. Por tanto, no hay concepto positivo de tributo.

Desde un punto de vista constitucional, la expresión utilizada en el artículo 31 en el número 3 es la de «prestación patrimonial». Según este apartado «sólo podrán establecerse prestaciones personales o patrimoniales de carácter público con arreglo a la ley».

La LGT en su art. 2.1 habla de tributo como «los ingresos públicos que consisten en prestaciones pecuniarias exigidas por una Administración pública como consecuencia de la realización del supuesto de hecho al que la ley vincula el deber de contribuir, con el fin primordial de obtener los ingresos necesarios para el sostenimiento de los gastos públicos».

Asimismo, se puede tomar como concepto de tributo aquella prestación patrimonial de carácter coactivo impuesta por el Estado u otro ente público para financiar gastos públicos mediante la aplicación de la ley a un hecho indicativo de capacidad económica (art. 2 LGT y STC 276/2000).

De igual modo, cabe la siguiente distinción constitucional:

- Prestación patrimonial de carácter público, es decir, categoría genérica, con fuente en la ley y coactiva. Puede serlo una prestación patrimonial coactiva impuesta a un particular y satisfecha a otro particular (prestación del empresario al trabajador por incapacidad laboral temporal (ILT), según STC 182/1997) que reduce el gasto público, por dirigirse a satisfacer necesidades públicas, u otras prestaciones como las cotizaciones a la seguridad social, cuya naturaleza es tributaria, el pago de prestaciones farmacéuticas y los contratos de adhesión relativos a servicios públicos esenciales.
- Tributo, es decir, especie de ese género singularizada por la presencia del principio de capacidad económica. Se satisface a un ente público en régimen de derecho público.

En cuanto a las características del tributo son las que se detallan a continuación:

- El tributo es una prestación patrimonial, es decir, es una obligación con contenido económico y deberes formales. Por consiguiente, el tributo es normalmente una prestación o recurso de carácter monetario o dinerario. El tributo se paga en dinero. Excepcionalmente existen prestaciones no pecuniarias de carácter personal o también en bienes. Está prevista en el ordenamiento la posibilidad de pagar el impuesto mediante la entrega de bienes del patrimonio histórico-artístico. Por ejemplo, si una persona tiene que pagar Impuesto de Sucesiones y Donaciones, y no tiene dinero, puede pagar el impuesto mediante la entrega de bienes de su patrimonio.
- El tributo es coactivo y se trata de una prestación establecida unilateralmente. Esto significa que el tributo no es una sanción por un ilícito en el sentido de que el tributo no es el pago por la comisión de un ilícito, sino que el tributo es una obligación unilateral impuesta por un ente público. Históricamente el tributo sí tenía carácter de sanción.
- El tributo se impone por el Estado u otro ente público. Por consiguiente, es un ingreso público de derecho público.

- El tributo tiene como finalidad financiar gastos públicos, aunque puede tener finalidad extrafiscal. Con el tributo, el Estado hace frente a sus necesidades. Esto significa la vinculación esencial entre ingresos y gastos. El ingreso se fundamenta en la existencia del gasto, y la existencia del gasto provocado por necesidades colectivas es lo que da lugar al pago del impuesto. Por consiguiente, la finalidad de la prestación económica es ir destinada a la satisfacción de necesidades colectivas y del gasto público, pero el tributo se puede utilizar no sólo como un fin fiscal (obtención de recursos pecuniarios) sino que el tributo puede ser utilizado con un fin extrafiscal, es decir, fin de política económica y política fiscal, que estén dentro de las finalidades del ente público que exige el tributo. La extrafiscalidad tiene dos sentidos: 1) Positivo que se traduce en decidir qué cosas gravar y en qué cuantía gravarlas. Se trata de una decisión que incide en el funcionamiento económico y social (por ejemplo, se decide gravar las rentas del capital y no las rentas del trabajo). 2) Negativo en donde el tributo se utiliza como instrumento, es decir, todo sistema de desgravaciones, exenciones o distintas técnicas que las leyes utilizan para disminuir la carga tributaria (por ejemplo, tendría el mismo efecto desgravando a la familia o dando subvención según el número de hijos).

- Nace por ley, es decir, es una obligación ex lege. El tributo es una prestación pecuniaria que deriva de la realización de ciertos hechos tipificados por la ley. La obligación ex lege que nace por imperativo de la ley, nace cuando ocurre el supuesto de hecho previsto en la norma. Por tanto, no nace del acuerdo o voluntad de las partes y es la ley la que establece las distintas condiciones y posiciones jurídicas de acreedor y deudor.

- Grava una manifestación de capacidad económica como nota característica. Los hechos típicos son indicativos de capacidad económica. Por tanto, no pueden gravarse hechos que no supongan capacidad económica.

Por lo que se refiere a las finalidades del tributo se pueden destacar las siguientes:

- Carácter recaudatorio ya que tiene como objetivo la financiación del gasto público.
- Fin de «equidad», es decir, redistribución equitativa de la renta y riqueza.
- Estabilización económica, es decir, control de la inflación y el pleno empleo de los recursos productivos.
- Por último, reducir las actividades socialmente perjudiciales. Por tanto, una finalidad de ordenación.

A continuación, lo que hay que analizar son las diferentes clases de tributos que se recogen en el art. 2 LGT y son definidas: impuesto, tasa y contribución especial.

2. CLASES DE TRIBUTOS

Según el artículo 2.2 de la Ley General Tributaria:

Los tributos, cualquiera que sea su denominación, se clasifican en tasas, contribuciones especiales e impuestos:

a) *Tasas son los tributos cuyo hecho imponible consiste en la utilización privativa o el aprovechamiento especial del dominio público, la prestación de servicios o la realización de actividades en régimen de derecho público que se refieran, afecten o beneficien de modo particular al obligado tributario, cuando los servicios o actividades no sean de solicitud o recepción voluntaria para los obligados tributarios o no se presten o realicen por el sector privado.*

Se entenderá que los servicios se prestan o las actividades se realizan en régimen de derecho público cuando se lleven a cabo mediante cualquiera de las formas previstas en la legislación administrativa para la gestión del servicio público y su titularidad corresponda a un ente público.

b) *Contribuciones especiales son los tributos cuyo hecho imponible consiste en la obtención por el obligado tributario de un beneficio o de un aumento de valor de sus bienes como consecuencia de la realización de obras públicas o del establecimiento o ampliación de servicios públicos.*

c) *Impuestos son los tributos exigidos sin contraprestación cuyo hecho imponible está constituido por negocios, actos o hechos que ponen de manifiesto la capacidad económica del contribuyente.*

3. EL IMPUESTO: CONCEPTO Y CLASES

CONCEPTO

Según el art. 2.2. c) de la Ley General Tributaria: «los impuestos son los tributos exigidos sin contraprestación, cuyo hecho imponible está constituido por negocios, actos o hechos que ponen de manifiesto la capacidad económica del contribuyente».

Por tanto, se exige sin referencia a ninguna actividad administrativa ya que no tiene otro fundamento que la sujeción del contribuyente al poder financiero del ente público. De igual modo, la capacidad económica es el criterio que se adecúa a la forma tributaria llamada impuesto. De todo ello se extraen las características del impuesto:

- Es una modalidad de tributo.
- Es coactivo.
- Se exige sin contraprestación directa.
- Se excluye la presencia directa de la actividad administrativa como elemento integrante del hecho imponible.
- Se pone de manifiesto la capacidad económica del contribuyente.

Por consiguiente, los impuestos son coactivos y se recaudan sin que exista contraprestación directa[1].

---

[1] En los impuestos no existe relación directa entre el motivo de la exacción (presión, requerimiento) y la obra a realizar.

CLASES DE IMPUESTOS

a) Impuestos personales y reales

Los impuestos personales son aquellos cuyo presupuesto objetivo sólo puede concebirse por referencia a una persona determinada, de tal modo que actúa como elemento constitutivo del propio presupuesto. Ejemplo: Impuesto sobre la Renta de las Personas Físicas o Impuesto sobre Sociedades, es decir, impuesto que recae sobre la renta de una persona física o jurídica.

Los impuestos reales son aquellos cuyo presupuesto de hecho se puede concebir independientemente de la persona que lo haya realizado. Por tanto, puede ser pensado y definido por la norma sin sujeto determinado. Ejemplo: el Impuesto sobre el Valor Añadido.

b) Impuestos objetivos y subjetivos

Los impuestos objetivos son aquellos en los que las circunstancias personales del contribuyente (familiares, físicas) no se toman en cuenta en el momento de cuantificar el importe de su deuda.

Los impuestos subjetivos son aquellos en los que las circunstancias personales del contribuyente (familiares, físicas) se tienen en cuenta en el momento de cuantificar el importe de la deuda tributaria.

c) Impuestos directos e indirectos

Impuestos directos son aquellos que gravan la manifestación directa de la capacidad de pago, es decir aquellos impuestos en los que el sujeto pasivo no tiene la obligación legal de hacer recaer la cuota que paga en otra persona ajena a la relación tributaria. Ejemplo: el Impuesto sobre la Renta de las Personas Físicas.

Impuestos indirectos son aquellos que gravan la manifestación indirecta de la capacidad de pago, es decir, aquellos en los que la norma obliga al sujeto pasivo del impuesto a repercutir a un tercero la cuota tributaria que aquél debe pagar a Hacienda. Ejemplo: el Impuesto sobre el Valor Añadido.

d) Impuestos instantáneos y periódicos

Un impuesto instantáneo es una situación o un acto imputable a un sólo momento. Ejemplo: el Impuesto sobre el Valor Añadido.

Un impuesto periódico es una situación que se alarga durante el tiempo. Ejemplo: el Impuesto sobre la Renta de las Personas Físicas.

e) Impuestos fiscales y extrafiscales

Impuestos fiscales son aquellos que tienen finalidad recaudatoria, es decir, finalidad fiscal, gravamen de una manifestación económica. En definitiva, principio de capacidad económica.

Impuestos extrafiscales son aquellos que tienen finalidad económica-social, es decir, finalidad diferente de la recaudatoria. Ejemplo: los impuestos autonómicos medioambientales.

4. LA TASA: CONCEPTO Y CLASES

La tasa está muy regulada porque es un tributo. Por tanto, la tasa es un tributo cuyo hecho imponible (hecho que define la ley) consiste en la utilización privativa o aprovechamiento especial del dominio público, o bien la prestación de servicios o la realización de actividades en régimen de derecho público que se refieren, afectan o benefician a los sujetos pasivos, cuando se dé alguna de las dos circunstancias siguientes:

- Que no sean de solicitud voluntaria por los administrados[2] (que sean obligatorios).

---

[2] Se considerará que no es voluntaria la solicitud cuando: 1. Venga impuesta por leyes o reglamentos, o 2. Cuando sean bienes, servicios o actividades indispensables para el desarrollo de la vida privada o social del solicitante.

- Que no se presten o realicen por el sector privado (que sea un monopolio), esté o no establecida su reserva a favor del sector público conforme a la normativa vigente.

Por consiguiente, la tasa es la realización de un pago por un privilegio especial que no debe exceder del beneficio que el particular recibe. Su fin es cubrir el coste de un determinado servicio público. Además, supone la prestación de un servicio por parte de la Administración pública.

Como se indicó anteriormente el principio de capacidad económica se adecúa a los impuestos, pero no a las tasas. Las tasas responden al principio del beneficio obtenido por aquel que tiene que pagar la tasa. En las tasas hay actividad de la Administración que afecta y se relaciona con el sujeto que tiene que pagar la tasa. Actuación que va en beneficio de un sujeto que tiene que pagar la tasa. En la tasa lo que se paga va a cubrir o intentar cubrir el coste del servicio prestado por la Administración[3].

La clasificación más importante de tasas es la que distingue entre tasas estatales, autonómicas y locales, y se integran en cada uno de los sistemas tributarios estatal, autonómico y local.

Son ejemplos de tasas los que se indican a continuación:

- Expedición de un pasaporte.
- La ocupación de la vía pública con contenedores y materiales de construcción.
- Publicación de anuncios en el Boletín Oficial del Estado (BOE).
- El pago exigido a los Bancos por instalar cajeros en la vía pública, fuera de sus oficinas.
- El pago efectuado por participar en una oposición para acceder a un puesto de trabajo en la Administración pública.
- Homologación de un título universitario extranjero por parte del Ministerio de Educación.
- El pago por la licencia de apertura de un establecimiento comercial.

---

[3] En la tasa hay una actividad de la Administración y se va a intentar cubrir el coste.

- El pago efectuado en Secretaría por la expedición del Título de Grado en Administración y Dirección de Empresas.
- La cantidad que paga anualmente al Ayuntamiento una cafetería que tiene permanentemente instalada una terraza en la vía pública.
- El pago efectuado en la embajada por la tramitación de un visado.

5. LAS CONTRIBUCIONES ESPECIALES

Las contribuciones especiales son tributos cuyo hecho imponible consiste en la realización de obras públicas o en el establecimiento o ampliación de servicios públicos con beneficio individual. Por tanto, el sujeto pasivo obtiene un beneficio o un aumento de valor de sus bienes debido a la mejora que le favorece directamente como consecuencia de una acción de régimen local.

Por consiguiente, las contribuciones especiales se prestan a un determinado colectivo por la realización de una obra pública y que conlleva un beneficio. Se han de pagar por los beneficiarios de las obras y servicios ya que son de obligado cumplimiento. Asimismo, la actividad administrativa es promovida por la Administración.

Son ejemplos de contribuciones especiales los que se indican a continuación:

- Ensanchamiento de una plaza pública en un sector determinado del municipio.
- Cuotas pagadas por el asfalto de una calle por los vecinos con vivienda y locales en esa calle.
- El pago al Ayuntamiento por parte de las empresas de un polígono industrial por la mejora de la iluminación de dicho polígono.

6. ELEMENTOS DEL IMPUESTO

La norma jurídica tiene dos partes consistentes en la descripción de un supuesto de hecho y el segundo de los elementos es la consecuencia jurídica que se va a producir al realizarse este supuesto de hecho. Por tanto, se trata de una relación binaria. Estos dos elementos fundamentales de la norma jurídica se van a encontrar en la norma tributaria.

La ley tiene que decir cuáles son los dos elementos de la norma. Por consiguiente, sólo habrá obligación cuando se dé el supuesto de hecho que en esa estructura binaria la misma norma prevé.

La obligación tributaria es una obligación ex lege, es decir, nacida en virtud de la ley. Por consiguiente, no queda a la voluntad de las partes el contenido de esa obligación.

Asimismo, la obligación tributaria nacerá cuando se dé el supuesto de hecho que la ley ha previsto. Del conjunto de supuestos de hecho que existen en el ordenamiento tributario, hay unos supuestos de hecho que dan lugar al nacimiento de la obligación tributaria y esto se denomina «hecho imponible».

HECHO IMPONIBLE

El hecho imponible viene definido en el art. 20.1 de la LGT cuando dice que «el hecho imponible es el presupuesto fijado por la ley para configurar cada tributo y cuya realización origina el nacimiento de la obligación tributaria principal».

La diferencia entre un tributo y otro hay que buscarla desde un punto de vista jurídico por el distinto hecho imponible que origina la obligación del pago de uno o de otro. Por tanto, es muy importante la definición del hecho imponible porque es lo que nos permite ver la diferencia entre un impuesto y otro[4].

Ejemplos: el hecho imponible en el IRPF es la obtención de renta por el sujeto pasivo. En el Impuesto de Sociedades es la renta obtenida por la sociedad. En el IVA el hecho imponible es la entrega de bienes o prestación de servicios.

---

[4] El hecho imponible es lo que diferencia un impuesto de otro.

A su vez el hecho imponible tiene los siguientes elementos:

- Elemento objetivo: es el elemento esencial y por elemento objetivo hay que entender el acto, situación o negocio. En definitiva, es la realidad objetivamente considerada de la que parte la ley a la hora de configurar el tributo.

  Ejemplos: el que haya transmisiones, tenencia u obtención de renta son los supuestos objetivos de los cuales la ley parte a la hora de configurar el supuesto de hecho. Anteriormente se indicó que el hecho imponible en el IRPF es la obtención de renta por el sujeto pasivo, es decir, es el elemento objetivo del hecho imponible con carácter genérico y luego hay que especificar las distintas fuentes de renta que componen ese hecho imponible que objetivamente la ley define. En el IVA el elemento objetivo son los bienes o servicios.

- Elemento subjetivo: significa que cualquier hecho imponible, actividad o negocio tiene que ser imputado a un determinado sujeto. Por tanto, el elemento subjetivo del hecho imponible es imprescindible para saber qué es lo que le legislador quiere gravar.

  Ejemplos: en el Impuesto sobre la Renta de las Personas Físicas el elemento subjetivo es el sujeto que obtiene la renta que es el que viene obligado por el tributo. En el Impuesto sobre el Valor Añadido el elemento subjetivo es el sujeto que entrega el bien o presta un servicio.

- Elemento espacial: lo que indica es saber en dónde se entiende realizado el hecho imponible.

  Ejemplo: la tenencia de un patrimonio y saber si el patrimonio está en España o si el bien se encuentra en España o fuera.

- Elemento temporal: cuándo se entiende realizado el hecho imponible. Hay que diferenciar entre impuestos periódicos e impuestos instantáneos. Un impuesto periódico es una situación que se alarga durante el tiempo. Ejemplo: IRPF e Impuesto sobre Sociedades.

Un impuesto instantáneo es una situación o un acto imputable a un solo momento. Coincide la realización del aspecto material con el momento del devengo del impuesto. Ejemplo: IVA e Impuesto sobre Transmisiones Patrimoniales y Actos Jurídicos Documentados (ITPAJD).

DEVENGO

A tenor del art. 21.1 de la LGT «el devengo es el momento en el cual se entiende realizado el hecho imponible y en el que se produce el nacimiento de la obligación tributaria principal». Hay que diferenciar entre el «devengo del tributo» que origina la obligación de contribuir y el «devengo de la cuota tributaria» que presupone la existencia de una deuda ya cuantificada y susceptible de ser ingresada en la Hacienda Pública. El art. 21.2 de la LGT dice «la ley propia de cada tributo podrá establecer la exigibilidad de la cuota o cantidad a ingresar, o parte de la misma, en un momento distinto al del devengo del tributo».

A continuación, se va a analizar el devengo en un impuesto periódico (por ejemplo, IRPF) y en un impuesto instantáneo (por ejemplo, IVA).

En un impuesto periódico como es el IRPF la situación se alarga en el tiempo por ejemplo del 1 de enero de 2024 al 31 de diciembre de 2024 y durante ese periodo se va obteniendo la renta; hay que situar el devengo en algún momento. En el IRPF el devengo se sitúa al final de ese período impositivo. Por tanto, la obligación tributaria nacería el último día del periodo impositivos que sería el 31 de diciembre de dicho año.

En un impuesto instantáneo como es el IVA coincide la realización del aspecto material con el devengo del impuesto. Por ejemplo, se realiza una compraventa en el momento del acto de la transmisión en el que se devenga el impuesto.

EXENCIÓN TRIBUTARIA

Se habla de exención tributaria cuando se produce el hecho imponible pero no se genera la obligación tributaria por razones subjetivas u objetivas. La exención tributaria es no sujeción al tributo. Por tanto, no da lugar al nacimiento de la obligación tributaria. La exención opera dentro del hecho imponible sustrayendo del hecho imponible determinados sujetos, personas o cuantías. La exención es un hecho imponible de carácter negativo, y se niega con la exención lo que el hecho imponible ha afirmado.

Los supuestos de no sujeción no añaden nada al hecho imponible sino aclaran el contorno. La ley puede junto al hecho imponible establecer supuestos de no sujeción que lo único que hacen es delimitar los contornos del hecho imponible fuera del hecho imponible.

Las exenciones pueden ser objetivas o subjetivas. Las objetivas califican el hecho con independencia de quien lo hace. Las subjetivas es cuando determinados sujetos quedan exentos, es decir, cuando se quiere beneficiar a un colectivo.

También se puede diferenciar entre exenciones totales en las que se elimina por completo la carga tributaria para la persona o hecho exento, y exenciones parciales cuando se reduce la carga tributaria a través de una bonificación.

BASE IMPONIBLE

La base imponible es la cuantificación y valoración del hecho imponible. La base imponible es la medición de la capacidad de pago, es decir, el rendimiento. A tenor del art. 50 de la LGT «la base imponible es la magnitud dineraria o de otra naturaleza que resulta de la medición o valoración del hecho imponible».

Ejemplo: el total de la contraprestación que se paga por el alquiler del local comercial de la Comunidad de Propietarios sea una renta de 700 euros/mes será la base imponible del IVA. En el resumen anual del IVA será 700 euros x 12 meses = 8.400 euros.

Existen tres regímenes de estimación de la base imponible:

- Estimación directa[5]: según el art. 50.3 de la LGT «las bases imponibles se determinarán con carácter general a través del método de estimación directa. No obstante, la ley podrá establecer los supuestos en que sea de aplicación el método de estimación objetiva, que tendrá, en todo caso, carácter voluntario para los obligados tributarios».

---

[5] El método de estimación directa es el régimen general de estimación de la base imponible.

Con el método de estimación directa, la base imponible se cuantifica directamente a partir de las declaraciones o documentos presentados, facturas, datos en libros y registros y los demás documentos que tengan alguna relación con los elementos de la obligación tributaria.

- Estimación objetiva: es un régimen de estimación voluntario que existe en algunos tributos como por ejemplo el IRPF y el IVA para ciertos sujetos pasivos.

  A tenor del artículo 52 de la LGT «el método de estimación objetiva podrá utilizarse para la determinación de la base imponible mediante la aplicación de las magnitudes, índices, módulos o datos previstos en la normativa propia de cada tributo».

- Estimación indirecta: a tenor del art. 50.4 de la LGT «la estimación indirecta tendrá carácter subsidiario respecto de los demás métodos de determinación y se aplicará cuando se produzca alguna de las circunstancias previstas en el art. 53 de esta ley».

  Según el art. 53 de la LGT el método de estimación indirecta es aplicable a todos los tributos en determinadas situaciones (por ejemplo, falta de declaraciones o declaraciones incompletas), y la estimación de la base imponible se basa en los antecedentes y datos, directos o indirectos, que tiene la Administración Tributaria sobre el contribuyente.

Art. 53 LGT. Método de estimación indirecta:

1. El método de estimación indirecta se aplicará cuando la Administración Tributaria no pueda disponer de los datos necesarios para la determinación completa de la base imponible como consecuencia de alguna de las siguientes circunstancias:

   a) Falta de presentación de declaraciones o presentación de declaraciones incompletas o inexactas.

   b) Resistencia, obstrucción, excusa o negativa a la actuación inspectora.

   c) Incumplimiento sustancial de las obligaciones contables o registrales.

   d) Desaparición o destrucción, aun por causa de fuerza mayor, de los libros y registros contables o de los justificantes de las operaciones anotadas en los mismos.

2. Las bases o rendimientos se determinarán mediante la aplicación de cualquiera de los siguientes medios o de varios de ellos conjuntamente:

  a) *Aplicación de los datos y antecedentes disponibles que sean relevantes al efecto.*

  b) *Utilización de aquellos elementos que indirectamente acrediten la existencia de los bienes y de las rentas, así como de los ingresos, ventas, costes y rendimientos que sean normales en el respectivo sector económico, atendidas las dimensiones de las unidades productivas o familiares que deban compararse en términos tributarios.*

  c) *Valoración de las magnitudes, índices, módulos o datos que concurran en los respectivos obligados tributarios, según los datos o antecedentes que se posean de supuestos similares o equivalentes.*

3. Cuando resulte aplicable el método de estimación indirecta, se seguirá el procedimiento previsto en el art. 158 de esta ley.

BASE LIQUIDABLE

Según el art. 54 LGT «la base liquidable es la magnitud resultante de practicar, en su caso, en la base imponible las reducciones establecidas en la ley».

Base liquidable = Base imponible - Reducciones (establecidas por la ley propia en cada tributo).

Si no hay Reducciones la Base imponible es igual a la Base liquidable.

TIPO DE GRAVAMEN

El tipo de gravamen señala la proporción de base imponible destinada al acreedor. El art. 55 de la LGT señala que «el tipo de gravamen es la cifra, coeficiente o porcentaje que se aplica a la base liquidable para obtener como resultado la cuota íntegra».

El tipo de gravamen puede ser fijo o variable. Cuando es fijo, el tipo permanece el mismo sea cual sea la cuantía de la base imponible (por ejemplo, el Impuesto de Sociedades). El tipo de gravamen variable es el que va variando a medida que varía la cuantía de la base imponible (por ejemplo, el IRPF).

CUOTA TRIBUTARIA

Existen tres clases de cuota tributaria: cuota íntegra, cuota líquida y cuota diferencial.

CUOTA ÍNTEGRA

La cuota íntegra se puede determinar aplicando el tipo de gravamen a la base liquidable o a través de la cantidad fija señalada al efecto (art. 56 LGT).

En impuestos variables como el IRPF o el IVA, la cuota tributaria se determina aplicando un tipo de gravamen a la base liquidable.

Cuota íntegra = Base liquidable x Tipo de gravamen

En impuestos fijos como el Impuesto sobre Vehículos de Tracción Mecánica (IVTM) o el Impuesto de Actividades Económicas (IAE), la cuota viene determinada en forma de una cuantía fija señalada por ley[6].

También existen impuestos con tipos específicos, en los que se aplican ambos procedimientos. Por ejemplo, los Impuestos Especiales o Accisas, en los que la cuota es una cuantía fija por unidad de base no monetaria (toneladas, litros, etc.).

CUOTA LÍQUIDA

Según el art. 56.5 de la LGT «la cuota líquida será el resultado de restar al importe de la cuota íntegra el importe de las deducciones, bonificaciones, adiciones o coeficientes previstos, en su caso, en la ley de cada tributo».

Con carácter general, adiciones no suele haber.

CUOTA LÍQUIDA = CUOTA ÍNTEGRA - DEDUCCIONES

---

[6] Depende de ciertos parámetros. Por ejemplo, en el IVTM está en función del volumen de emisiones de CO_2.

CUOTA DIFERENCIAL

Según el art. 56.6 LGT «la cuota diferencial será el resultado de minorar la cuota líquida en el importe de las deducciones, los pagos a cuenta (pagos fraccionados, retenciones, ingresos a cuenta) y cuotas, conforme a la normativa de cada tributo».

CUOTA DIFERENCIAL = CUOTA LÍQUIDA - PAGOS A CUENTA

La cuota diferencial puede ser positiva o negativa. Asimismo, representa la cantidad final a ingresar al fisco (+) o recibir como devolución (-).

DEUDA TRIBUTARIA

A tenor del art. 58 de la LGT:

> *1. La deuda tributaria estará constituida por la cuota o cantidad a ingresar que resulte de la obligación tributaria principal o de las obligaciones de realizar pagos a cuenta.*
>
> *2. Además, la deuda tributaria estará integrada, en su caso, por:*
>
> *a) El interés de demora.*
>
> *b) Los recargos por declaración extemporánea.*
>
> *c) Los recargos del periodo ejecutivo.*
>
> *d) Los recargos exigibles legalmente sobre las bases o las cuotas, a favor del Tesoro o de otros entes públicos.*
>
> *3. Las sanciones tributarias que puedan imponerse de acuerdo con lo dispuesto en el título IV de esta ley no formarán parte de la deuda tributaria, pero en su recaudación se aplicarán las normas incluidas en el capítulo V del título III de esta ley.*

Asimismo, la deuda tributaria estará constituida por la cuota o cantidad a ingresar que resulte de la obligación tributaria principal o de las obligaciones de realizar pagos a cuenta.

DEUDA TRIBUTARIA = CUOTA TRIBUTARIA + INTERÉS DE DE-MORA[7] + RECARGOS

SUJETO ACTIVO

El sujeto activo es el acreedor de la obligación tributaria. Es aquel ente que puede exigir el pago del tributo con independencia de que lo haya regulado y sea el destinatario del rendimiento producido por el tributo. El sujeto activo será el que realiza las funciones administrativas para la exigibilidad del tributo.

Por consiguiente, el sujeto activo es aquel que asume la posición de acreedor de la deuda, es decir, el titular de ese derecho de crédito. Acreedor tributario puede ser:

- El Estado: para los tributos propios estatales no cedidos a las Autonomías.
- Las Comunidades Autónomas: para los tributos propios de ella y los cedidos por el Estado a éstas.
- Entes territoriales menores u organismos de carácter administrativo dotados de personalidad jurídica para los tributos de las Corporaciones locales y entes institucionales.

SUJETO PASIVO

Según el art. 36 de la LGT «el sujeto pasivo es el obligado tributario (sea persona física o jurídica) que, según la ley, debe cumplir la obligación tributaria principal, así como las obligaciones formales inherentes a la misma, sea como contribuyente o como sustituto del mismo».

«El contribuyente es aquel sujeto pasivo que realiza el hecho imponible» según el art. 36.2 LGT.

---

[7] El interés de demora es una prestación accesoria por la realización de un pago fuera de plazo.

Por último, el art. 36.3 de la LGT dice

Es sustituto el sujeto pasivo que, por imposición de la ley y en lugar del contribuyente, está obligado a cumplir la obligación tributaria principal, así como las obligaciones formales inherentes a la misma. El sustituto podrá exigir del contribuyente el importe de las obligaciones tributarias satisfechas, salvo que la ley señale otra cosa.

En definitiva, las leyes tributarias pretenden ampliar el ámbito de los sujetos pasivos como conjunto de sujetos que se vean directa o indirectamente implicados en el pago de la deuda tributaria. Las leyes tributarias utilizan muchas figuras para incluir al máximo de sujetos en la parte pasiva con el fin de que alguien pague en última instancia. Por tanto, junto con el sujeto pasivo existen otros responsables, sucesores, sustitutos que lo que se pretende es conseguir implicar a un mayor número de sujetos en el pago de los tributos.

DOMICILIO FISCAL

El domicilio fiscal es el lugar de localización del obligado tributario en sus relaciones con la Administración tributaria (art. 48 LGT).

Según el art. 48.2…

a) El domicilio fiscal para las personas físicas será el lugar donde tengan su residencia habitual. No obstante, para las personas físicas que desarrollen principalmente actividades económicas, en los términos que reglamentariamente se determinen, la Administración tributaria podrá considerar como domicilio fiscal el lugar donde esté efectivamente centralizada la gestión administrativa y la dirección de las actividades desarrolladas. Si no pudiera establecerse dicho lugar, prevalecerá aquel donde radique el mayor valor del inmovilizado en el que se realicen las actividades económicas.

Se entiende por residencia habitual aquella en la que el sujeto resida más de 183 días al año o tenga el núcleo principal de sus actividades o intereses económicos (art. 9 LIRPF).

El domicilio de las personas jurídicas según el art. 48.2 b) LGT «será el de su domicilio social, siempre que en él esté efectivamente centralizada su gestión administrativa y la dirección de sus negocios. En otro caso, se atenderá al lugar en el que se lleve a cabo dicha gestión o dirección».

En el art. 48.3 LGT se estable que la Administración podrá exigir a los sujetos pasivos que declaren su domicilio.

7. SISTEMA FISCAL ESPAÑOL

El Estado se organiza en los siguientes niveles territoriales de gobierno:

- Estatal
- Autonómico
- Local

El art. 133 de la Constitución Española (CE) dice:

1. La potestad originaria para establecer los tributos corresponde exclusivamente al Estado, mediante Ley.

2. Las Comunidades Autónomas y las Corporaciones Locales podrán establecer y exigir tributos, de acuerdo con la Constitución y las leyes.

IMPUESTOS ESTATALES DIRECTOS

- Impuesto sobre la Renta de las Personas Físicas (IRPF): es progresivo y grava la renta de las personas físicas con residencia habitual en territorio español y extranjero. Incluye los rendimientos del trabajo, los rendimientos de capital inmobiliario, los rendimientos de capital mobiliario, los rendimientos de actividades económicas, las ganancias y pérdidas patrimoniales, así como las imputaciones de renta.
- Impuesto sobre Sociedades (IS): es proporcional y grava los rendimientos de explotaciones económicas, rendimientos de elementos patrimoniales afectos a actividades económicas, ganancias y pérdidas de patrimonio, así como las imputaciones de bases imponibles positivas de transparencia fiscal interna o internacional por parte de personas jurídicas con residencia habitual en territorio español y no residentes con rentas en territorio español.

- Impuesto sobre el Patrimonio (IP): es progresivo y grava la titularidad del patrimonio neto, es decir, bienes y derechos menos las cargas, gravámenes, deudas y obligaciones por parte de personas físicas con residencia habitual en territorio español y no residentes titulares en territorio español.

- Impuesto sobre Sucesiones y Donaciones (ISD): grava la adquisición de bienes y derechos por herencia, legado o título sucesorio (mortis causa), donación o negocio jurídico gratuito intervivos, así como la percepción de beneficiarios de seguros de vida, contratante distinto beneficiario.

IMPUESTOS ESTATALES INDIRECTOS

- Impuesto sobre el Valor Añadido (IVA): grava operaciones interiores y exteriores. En cuanto a las operaciones interiores: entregas de bienes, prestaciones de servicios, y autoconsumo de bienes y servicios. En relación a las operaciones exteriores hay que señalar las adquisiciones intracomunitarias de bienes, las importaciones de bienes, la compra de bienes a Canarias, Ceuta y Melilla (importaciones) así como el autoconsumo de bienes y servicios.

- Impuesto sobre Transmisiones Patrimoniales y Actos Jurídicos Documentados (ITPAJD): grava las transmisiones patrimoniales onerosas, las operaciones societarias y los actos jurídicos documentados.
  a) Transmisiones Patrimoniales Onerosas: grava las ventas de bienes de segunda mano, así como la constitución de derechos reales (préstamos, fianzas, arrendamientos, etc.). El sujeto pasivo es el adquirente.
  b) Operaciones Societarias: grava la constitución y disolución de sociedades, así como el aumento y disminución del capital social. El sujeto pasivo es la sociedad o los socios.
  c) Actos Jurídicos Documentados: grava la formalización de ciertos actos a través de documentos notariales (escrituras, actas y testimonios notariales), mercantiles (letras de cambio, pagarés, bonos y obligaciones en serie) y administrativos (rehabilitación,

transmisión de títulos nobiliarios, así como anotaciones registrales públicas).

- Impuestos Especiales (IIEE)
  a) Impuesto Especial de Fabricación: grava la fabricación de cerveza, vino y bebidas fermentadas, productos intermedios, alcohol y bebidas alcohólicas, hidrocarburos, labores del tabaco, así como la electricidad. Los sujetos pasivos son los fabricantes depositarios: pagadores deuda aduanera y operadores de energía.
  b) Impuesto Especial sobre Determinados Medios de Transporte (IEDMT): grava la primera matriculación definitiva de vehículos, embarcaciones y aeronaves. El sujeto pasivo es la persona a cuyo nombre se realiza la primera matriculación.
  c) Impuesto Especial sobre el Carbón: grava la puesta a consumo de carbón. Los sujetos pasivos son los productores, extractores, importadores, adquirentes intracomunitarios, así como empresarios revendedores.
  d) Impuesto sobre Primas de Seguros (IPS): grava las operaciones de seguro y capitalización. Los sujetos pasivos son las entidades aseguradoras.
- Impuesto sobre las Ventas Minoristas de Determinados Hidrocarburos (IVMDH): grava las ventas minoristas de hidrocarburos como son la gasolina, gasóleo, queroseno y fuelóleo. Los sujetos pasivos son los propietarios, importadores adquirentes en adquisiciones intracomunitarias de los productos que se venden.

IMPUESTOS AUTONÓMICOS: PROPIOS

- Canon de Saneamiento.
- Impuesto sobre Emisiones de Gases a la Atmósfera.

IMPUESTOS LOCALES OBLIGATORIOS

- Impuesto sobre Bienes Inmuebles (IBI): grava la titularidad de inmuebles (propiedad) de naturaleza urbana o rústica. El impuesto se calcula aplicando un tipo impositivo al valor catastral del inmueble.

- Impuesto sobre Actividades Económicas (IAE): grava el ejercicio de actividades económicas empresariales, profesionales o artísticas. El sujeto pasivo es el titular de la actividad económica ya sea empresario, profesional o artista.
- Impuesto sobre Vehículos de Tracción Mecánica (IVTM): grava la titularidad de vehículos de tracción mecánica aptos para circular por las vías públicas por parte de los titulares de los vehículos que aparecen en el permiso de circulación del vehículo.

IMPUESTOS LOCALES POTESTATIVOS

- Impuesto sobre el Incremento del Valor de los Terrenos de Naturaleza Urbana (IIVTNU): grava el incremento de valor o plusvalía cuando se transmiten terrenos. El sujeto pasivo es el transmitente del terreno ya sea vendedor o donante.
- Impuesto sobre Construcciones, Instalaciones y Obras (ICIO): grava la realización de construcciones, instalaciones y obras (licencia de obras) por parte de los titulares de las construcciones, instalaciones y obras.

8. LA DOBLE IMPOSICIÓN INTERNACIONAL Y MÉTODOS PARA EVITARLA

La doble imposición se produce cuando concurren varias soberanías fiscales sobre una misma renta o un mismo bien. De este modo el contribuyente tendría que soportar impuestos exigidos por dos o más Estados en virtud del mismo hecho imponible.

En definitiva, es la percepción de similares impuestos, de un mismo contribuyente, en dos o más Estados, sobre el mismo hecho imponible y por idéntico período impositivo.

La doble imposición internacional se puede evitar a través de medidas unilaterales en donde cada Estado introduce en su legislación una serie de medidas por las que autolimita su capacidad tributaria o bien a través de Convenios.

Los Convenios de doble imposición son acuerdos bilaterales entre países para evitar o limitar la doble imposición de los rendimientos obtenidos por sus residentes. En estos Convenios, se determina qué tipo de rentas o patrimonios gravará cada Estado y qué métodos se adoptarán para corregir la doble imposición en aquellas rentas que puedan ser sometidas a tributación en ambos países.

Existen distintos métodos que permiten eliminar o reducir la doble imposición sobre las rentas o patrimonios de los residentes de un país. Asimismo, hay que diferenciar entre métodos de exención y métodos de imputación.

Los métodos de exención son:

1. Exención íntegra: el Estado donde reside fiscalmente el contribuyente no tiene en cuenta las rentas que éste obtiene en el extranjero.
2. Exención con progresividad: el Estado donde reside fiscalmente el contribuyente tiene en cuenta las rentas que éste obtiene en el extranjero sólo a efectos de calcular el tipo aplicable que luego se aplica sobre la base liquidable excluidas esas rentas.

Los métodos de imputación son:

1. Imputación íntegra: el Estado donde reside fiscalmente el contribuyente tiene en cuenta todas sus rentas para calcular el impuesto, incluidas las obtenidas en el extranjero, y permite deducir de la cuota el impuesto pagado en el extranjero en su totalidad.
2. Imputación ordinaria: el Estado donde reside fiscalmente el contribuyente tiene en cuenta todas sus rentas para calcular el impuesto, incluidas las obtenidas en el extranjero, y permite deducir de la cuota el impuesto pagado en el extranjero con el límite de la cantidad de impuesto que por esas mismas rentas correspondería pagar en el propio país.

9. LA ARMONIZACIÓN FISCAL

El término armonización es una expresión que ha sido fruto de polémica. Se trata de un término empleado en el Tratado de Roma en su artículo 99. Este artículo dice lo siguiente:

> *El Consejo, por unanimidad, a propuesta de la Comisión y previa consulta al Parlamento Europeo y al Comité Económico y Social, adoptará las disposiciones referentes a la armonización de las legislaciones relativas a los impuestos sobre el volumen de los negocios, los impuestos sobre consumos específicos y otros impuestos indirectos, en la medida en que dicha armonización sea necesaria para garantizar el establecimiento y el funcionamiento del Mercado interior.*

Por tanto, el artículo 99 del Tratado de Roma contempla la armonización de los impuestos indirectos. Es evidente que existe una gran sensibilidad sobre la armonización de los impuestos indirectos[8].

El mismo término aparece recogido en nuestro texto constitucional en el art. 150.3 que dice:

> *El Estado podrá dictar leyes que establezcan los principios necesarios para armonizar las disposiciones normativas de las Comunidades Autónomas, aun en el caso de materias atribuidas a la competencia de éstas, cuando así lo exija el interés general. Corresponde a las Cortes Generales, por mayoría absoluta de cada Cámara, la apreciación de esta necesidad.*

En un sentido amplio el término armonización se puede definir del siguiente modo: armonización significa limar las disparidades entre legislaciones internas a fin de que sean susceptibles de realizar un objetivo común. Debido a que son muchas las definiciones existentes sobre armonización fiscal, éstas podrían ser divididas en dos grupos: por un lado, de la que son partícipes el Comité Fiscal y Financiero y la CEE, ya que ellos consideran la armonización fiscal como la modificación parcial de los sistemas fiscales. No como

---

[8] Sin duda, ha influido mucho en ello el hecho de que buena parte de los fondos comunitarios provengan de la recaudación del Impuesto sobre el Valor Añadido, así como el deseo de facilitar la libertad de comercio en el interior de la Comunidad.

unificación. Por consiguiente, como aproximación progresiva de los sistemas fiscales. Por otro lado, está una segunda corriente que trata a la armonización fiscal como una unificación de los mismos.

Hoy en día, existe una opinión generalizada en que armonizar no supone en ningún caso la construcción de un sistema fiscal único. La armonización es entendida como una aproximación gradual de los sistemas fiscales.

Del mismo modo, la armonización fiscal es un instrumento para evitar distorsiones[9] u obstáculos para el establecimiento del mercado común.

Por otra parte, hay que destacar diferentes interpretaciones del término armonización:

- Armonización como coordinación, es decir, que los Estados miembros se pongan de acuerdo para establecer los impuestos con bases y tipos parecidos.
- Armonización como estandarización, es decir, establecer bases y tipos parecidos en todos los Estados miembros a instancias de las decisiones de la Comunidad Europea.

En la práctica, la armonización se ha situado entre los conceptos de coordinación y estandarización.

También hay que hacer mención de los tres enfoques de armonización.

- Enfoque igualación que consiste en establecer bases y tipos idénticos.
- Enfoque diferencial que indica que la armonización es un cambio que produce un efecto neto positivo.
- Enfoque estándar que lleva implícito el establecimiento de impuestos idénticos, pero con tipos de gravamen diferentes.

Por lo que respecta al ámbito fiscal hay que hacer dos observaciones que tienen especial interés: la primera se refiere al carácter normativo que tiene la

---

[9] Una distorsión se puede definir del siguiente modo: discriminación de origen fiscal que altera las condiciones de concurrencia de un mercado, de forma que provoque modificaciones muy importantes en las corrientes normales de tráfico.

potestad armonizadora en nuestro ámbito, pues la finalidad de la misma es la de armonizar normas, esto es, la legislación de los Estados miembros. Hay que tener presente la existencia de facultades de control, de dirección, que han de coexistir junto a la potestad fundamental de signo normativo. En segundo término, hay que destacar que el ente que ejerce la potestad armonizadora se sitúa necesariamente en una posición de superioridad o supremacía. Ello no quiere significar la existencia de una facultad de contenido general en cuya virtud existe la posibilidad genérica de realizar actos de supremacía como si existiese un apoderamiento global.

Otra cuestión que se plantea de cara al proceso de armonización es la de delimitar el ámbito de las figuras tributarias que se van a incluir en dicho proceso o, lo que es lo mismo, los tributos que deben ser armonizados, los que podrían mantenerse sin armonizar y los que deberían suprimirse. No hay que caer en la idea de que deban ser suprimidos todos los impuestos indirectos que vienen aplicándose en los distintos Estados miembros de la Comunidad y que no son el Impuesto sobre el Valor Añadido o las accisas que recaen sobre las categorías de productos petrolíferos, el alcohol o el tabaco.

A continuación, hay que señalar las principales notas caracterizadoras del proceso de armonización fiscal:

- Acercamiento de las legislaciones fiscales nacionales de los Estados miembros.
- Resolver los problemas fiscales derivados de las relaciones internacionales, es decir, la eliminación de la doble imposición internacional.
- Búsqueda de criterios de justicia tributaria desde un punto de vista comunitario.
- El principio de subsidiariedad que indica que únicamente deben ser armonizadas aquellas materias relacionadas con la realización del Mercado único. No se aplica en relación al Impuesto sobre el Valor Añadido ya que se persigue una armonización respecto a todos sus elementos.

- El principio de unanimidad que es un límite a la actividad armonizadora ya que existen propuestas importantes que no se aprueban por oposición de algún Estado miembro.

Por último, se van a destacar las principales estrategias y obstáculos a la armonización fiscal:

ESTRATEGIAS

- El enfoque de mercado que sugiere proponer la competencia fiscal entre los distintos países para captar capital. Con este enfoque se pretende la desaparición de las barreras legales y administrativas para que los propios Estados miembros procedan a aproximar bases y tipos con el fin de evitar distorsiones geográficas en los movimientos de capital.
- Promover e impulsar el papel de la Comisión Europea como agente que garantice el proceso armonizador. La forma de conseguirlo es acelerar la aprobación de Propuestas de Directivas y preparar otras nuevas.
- La armonización unilateral que consiste en adoptar las medidas adecuadas para el proceso armonizador mediante coaliciones con otros países o de forma independiente.

OBSTÁCULOS

- Los sistemas fiscales como instrumento de política económica de los Estados. La desaparición de un impuesto, la adaptación de otro o la implantación de uno nuevo, tiene una serie de efectos: por un lado, el desconocimiento para el contribuyente de la nueva situación, y por otro, la Administración ha de adecuarse al cambio.
- Las razones presupuestarias de los Estados, es decir, la posible pérdida de ingresos fiscales que pueden derivarse como consecuencia de la alteración del sistema tributario en figuras que tienen una alta capacidad recaudatoria es un riesgo para los Estados, y esto podría dar lugar a déficits superiores a los previstos.

10. EL PRESUPUESTO Y EL CICLO PRESUPUESTARIO

El presupuesto se puede definir como un documento financiero en el que se refleja el conjunto de gastos que se pretenden realizar durante un periodo determinado, y el detalle de ingresos que constituyen su financiación. Esta definición es aplicable tanto al presupuesto de un ente público como privado. El significado que tiene el presupuesto es diferente si se utiliza en el ámbito público o en el privado. En la actividad privada, el presupuesto tiene carácter indicativo de cómo debe desarrollarse la actividad de la empresa. Por tanto, significa que se pueden realizar variaciones a lo largo del ejercicio económico sin limitación de carácter normativo. En el ámbito público, el documento presupuestario tiene un carácter diferente. El presupuesto es un documento vinculante para el gestor del mismo. Los gastos tienen carácter limitativo, es decir, que se requerirá un trámite especial para incrementar las partidas previstas de los mismos. Por otro lado, los ingresos tienen carácter estimativo.

Las características de un presupuesto público son las siguientes:

- El presupuesto es un documento de elaboración periódica, actualmente anual, coincidiendo en algunos países con el año natural y en otros no.
- Asimismo, el presupuesto adopta una forma contable. Cuando los gastos sean superiores a los ingresos ordinarios, el Estado estará endeudado y por tanto se trata de una situación de déficit público. Cuando los gastos sean inferiores a los ingresos del Estado, el Estado generará ahorro y por tanto la situación es de superávit.
- El documento presupuestario constituye una autorización y una previsión de gastos e ingresos.
- El documento presupuestario representa la concreción de lo que puede denominarse el plan económico de la Hacienda Pública. A través del presupuesto se realizan las funciones de la Hacienda[10]. Por consiguiente, el presupuesto tiene un papel a desempeñar en la función de asignación de recursos, ya que contiene una serie de gastos destinados

---

[10] Las funciones de la Hacienda Pública son tres: 1. Asignación eficiente de recursos, 2. Redistribución equitativa de la renta y riqueza, y 3. Estabilización Económica.

a la prestación de servicios públicos a los ciudadanos de carácter esencial. De igual modo, el gasto público contenido en el presupuesto debe cumplir necesariamente una función de redistribución de la renta y riqueza, lo que se consigue por medio de impuestos progresivos, es decir, la progresividad del impuesto[11]. También el presupuesto contribuye a la función de estabilidad y desarrollo económicos, debido a que los ingresos y los gastos contenidos en el documento presupuestario constituyen un importante instrumento para influir en todo el proceso económico.

En cuanto al contenido del presupuesto hay que reiterar que contiene el plan financiero del Estado y otros entes públicos, esto es, el conjunto de gastos que es necesario realizar para llevar a cabo el plan económico del gobierno, así como los ingresos necesarios para financiarlos.

CLASIFICACIÓN PRESUPUESTARIA DE LOS GASTOS

Hay que diferenciar tres criterios:

a) Clasificación funcional o por programas que expresa la finalidad y el objetivo del gasto. Asimismo, refleja la aplicación de los créditos por su finalidad, en función de los objetivos que persigue la acción política del gobierno, ofreciendo de manera comprensible para el ciudadano una visión de los servicios y bienes públicos que obtiene, como contrapartida de la aportación que realiza en concepto de impuestos. Existen varias clasificaciones funcionales, de entre las cuales hay que destacar la de la Organización de Naciones Unidas (ONU) que diferencia entre:

- Servicios generales: administración general, gasto de defensa, y gasto de justicia y policía.
- Servicios comunes: carreteras y otras vías, abastecimiento de aguas, saneamiento, extinción de incendios y otros servicios.

---

[11] La progresividad en impuestos como el IRPF o el Impuesto sobre Sucesiones y Donaciones (ISD).

- Servicios sociales: educación, sanidad, seguridad social y otros servicios.
- Servicios económicos: agricultura y recursos no minerales, transporte, comunicaciones y otros servicios.
- Gastos no clasificables.

b) Clasificación orgánica que indica quién gasta, es decir, determina cuáles son los órganos que realizan el gasto, es decir, nos informa de los agentes autorizados a gastar. En los Presupuestos Generales del Estado, los créditos presupuestarios son distribuidos entre los denominados centros gestores del gasto público.

c) Clasificación económica[12] que explica en qué se gasta. La clasificación económica desglosa los gastos públicos en 8 Capítulos:

> Capítulo 1. Gastos de personal. Comprende los créditos destinados a toda clase de remuneraciones pagadas a los funcionarios.

> Capítulo 2. Gastos en bienes corrientes y servicios. Son los gastos necesarios para el funcionamiento diario de los servicios públicos.

> Capítulo 3. Gastos financieros. Hace referencia a los créditos necesarios para satisfacer los intereses de la deuda pública.

> Capítulo 4. Transferencias corrientes. Son gastos de carácter unilateral que los entes públicos proporcionan a otros sujetos públicos o privados para realizar operaciones corrientes.

> Capítulo 6. Inversiones reales. Inversiones directas de los entes públicos, que se materializan en la adquisición de terrenos, edificios, etc.

> Capítulo 7. Transferencias de capital. Son gastos de carácter unilateral que los entes públicos proporcionan a otros sujetos públicos o privados para financiar operaciones de formación de capital.

> Capítulo 8. Activos financieros. Se refiere a la adquisición o incremento de activos financieros. Ejemplo: compra de acciones.

> Capítulo 9. Pasivos financieros. Se refiere a la amortización o disminución de los pasivos financieros de Estado. Ejemplo: amortización de la deuda pública.

---

[12] La clasificación económica atiende a la naturaleza económica del gasto público.

➢ Los Capítulos 1 a 7 son gastos no financieros. Del Capítulo 1 al 4 son gastos corrientes. Capítulos 6 y 7 son gastos de capital.
➢ Los Capítulo 8 y 9 son gastos financieros.

CLASIFICACIÓN PRESUPUESTARIA DE LOS INGRESOS

En relación a los ingresos públicos, existe una única clasificación que es la clasificación económica que se desglosa en los 9 Capítulos siguientes:

➢ Capítulo 1. Impuestos directos. Se consideran impuestos directos aquellos que gravan manifestaciones directas de la capacidad de pago, tales como la renta y la riqueza.
➢ Capítulo 2. Impuestos indirectos. Se consideran impuestos indirectos aquellos que gravan la manifestación indirecta de la capacidad de pago. Por ejemplo, el consumo.
➢ Capítulo 3. Tasas y otros ingresos. Se refiere a los ingresos provenientes de la venta de bienes y servicios.
➢ Capítulo 4. Transferencias corrientes. Son ingresos sin contraprestación que los entes públicos reciben de otros sujetos públicos o privados para realizar operaciones corrientes.
➢ Capítulo 5. Ingresos patrimoniales. Son ingresos derivados de activos patrimoniales, siempre que no procedan de la venta de los mismos, es decir, intereses, dividendos, alquileres, etc.
➢ Capítulo 6. Enajenación de inversiones reales. Se trata de ingresos por la venta de activos reales de propiedad pública.
➢ Capítulo 7. Transferencias de capital. Son ingresos de carácter unilateral que los entes públicos reciben de otros sujetos públicos o privados para realizar operaciones de inversión.
➢ Capítulo 8. Activos financieros. Ingresos derivados de la venta de acciones.
➢ Capítulo 9. Pasivos financieros. Emisión de deuda pública a corto, medio o largo plazo, préstamos del exterior.
➢ Los Capítulos 1 a 7 son operaciones no financieras. Del Capítulo 1 al 5 son ingresos corrientes. Capítulos 6 y 7 son ingresos de capital.

> ➤ Los Capítulos 8 y 9 son operaciones financieras.

Por último, para la elaboración de un presupuesto se pueden diferenciar cuatro fases que son las siguientes:

- Fase de elaboración: en esta fase tiene lugar un proceso de negociaciones múltiples entre los más directos responsables de la confección del documento presupuestario y los diversos departamentos ministeriales y órganos del Estado. Las propuestas presupuestarias nacen de las unidades administrativas inferiores y se van agregando a niveles superiores hasta integrarse en el proyecto de presupuestos generales presentados por el gobierno. En esta fase existe un protagonismo del poder ejecutivo en la preparación del presupuesto.

- Fase de discusión y aprobación: en esta fase, el protagonismo reside en las cámaras del poder legislativo.

- Fase de ejecución: una vez que el documento presupuestario ha sido aprobado por el Parlamento, se convierte en ley. La ejecución presupuestaria no es más que la actividad de la Administración dirigida a la realización de los ingresos y gastos previstos en el presupuesto para un periodo de tiempo determinado (en general, un año). Hay que señalar dos aspectos fundamentales: en primer lugar, el significado de la vinculación de la Administración con respecto al documento presupuestario, y, en segundo lugar, el procedimiento a través del cual la Administración desarrolla esta fase.

- Fase de control: es ésta la última fase del ciclo presupuestario, temporalmente solapada en parte con la fase anterior de ejecución. El control presupuestario puede revestir tres formas: un control interno propio del poder ejecutivo, un control judicial y un control parlamentario.

2. EL IMPUESTO SOBRE LA RENTA DE LAS PERSONAS FÍSICAS

1. NORMATIVA DEL IRPF

Ley 35/2006, de 28 de noviembre, del Impuesto sobre la Renta de las Personas Físicas y de modificación parcial de las leyes de los Impuestos sobre Sociedades, sobre la Renta de no Residentes y sobre el Patrimonio (LIRPF).

Real Decreto 439/2007, de 30 de marzo, por el que se aprueba el Reglamento del Impuesto sobre la Renta de las Personas Físicas y se modifica el Reglamento de Planes y Fondos de Pensiones, aprobado por Real Decreto 304/2004, de 20 de febrero (RIRPF).

2. CARACTERÍSTICAS

Las principales características del IRPF son las siguientes:

- Es un impuesto directo debido a que grava una manifestación directa de la capacidad económica del contribuyente, es decir, la renta.
- Es un impuesto de carácter personal, configurado en torno al individuo como contribuyente y de acuerdo a sus circunstancias personales y familiares.
- Es un impuesto progresivo, en el cual el tipo impositivo se incrementa a medida que aumenta la renta.

Asimismo, la renta del contribuyente incluye la totalidad de los rendimientos, ganancias y pérdidas patrimoniales y las imputaciones de renta que se establezcan por ley, independientemente del lugar donde se produzcan, así como de la residencia del pagador.

3. CONTRIBUYENTE

Según el art. 8 LIRPF se consideran contribuyentes las personas físicas que tengan su residencia habitual en territorio español.

Caben excepciones en relación a determinadas personas que residen en el extranjero. Por ejemplo, el cuerpo diplomático, así como personas físicas de nacionalidad española que acrediten su nueva residencia fiscal en un país considerado como paraíso fiscal[13].

Se considera como residencia habitual en territorio español cuando se dé alguna de las siguientes circunstancias:

- Permanencia de 183 días naturales o más durante el año natural en territorio español.
- Que tenga en España el núcleo principal de su actividad o intereses económicos.

También se presume la residencia, salvo prueba en contrario, cuando resida habitualmente en España el cónyuge no separado legalmente y los hijos menores de edad que dependan de aquél (art. 9 LIRPF).

4. ÁMBITO DE APLICACIÓN

Está regulado en el art. 4 LIRPF. El Impuesto sobre la Renta de las Personas Físicas se aplicará en todo el territorio español.

---

[13] Periodo impositivo en el que se efectúe el cambio y durante los cuatro periodos siguientes.

En el País Vasco y Navarra, el IRPF es un impuesto concertado de normativa autonómica, es decir, regulado, gestionado y recaudado en su totalidad por las Diputaciones Forales.

En Canarias, Ceuta y Melilla hay que tener en cuenta las especialidades previstas en su propia normativa, así como en la LIRPF.

5. HECHO IMPONIBLE

En el art. 6 LIRPF se recoge el hecho imponible del IRPF y es la obtención de renta por el contribuyente.

Los componentes de la renta son:

- Rendimientos: trabajo, capital y actividades económicas.
- Variaciones patrimoniales: ganancias o pérdidas.
- Imputaciones de renta.

La renta se clasifica en general o del ahorro.

- Se consideran no sujetas las variaciones patrimoniales sujetas al Impuesto sobre Sucesiones y Donaciones.

6. ELEMENTOS TEMPORALES

Los elementos temporales del IRPF, es decir, el periodo impositivo, así como el devengo del impuesto se regulan en el Capítulo III del Título I de la LIRPF (arts. 12, 13 y 14).

El periodo impositivo es igual al año natural. Se dará conclusión anticipada sólo en los casos de fallecimiento del contribuyente.

En cuanto al devengo, el IRPF con carácter general se devengará el 31 de diciembre. Si el fallecimiento del contribuyente se produce en un día distinto al 31 de diciembre, el impuesto se devengará en la fecha del fallecimiento.

7. RENTAS EXENTAS

Las rentas exentas constan en el art. 7 LIRPF. De igual modo, están exentas, entre otras, las siguientes:

- Determinadas prestaciones y ayudas públicas: actos de terrorismo, así como ayudas de cualquier clase percibidas por los afectados por el virus de inmunodeficiencia humana (SIDA).
- Pensiones en favor de aquellas personas que sufrieron lesiones o mutilaciones como consecuencia de la Guerra Civil.
- Prestaciones reconocidas al contribuyente por la Seguridad Social o por las entidades que la sustituyan como consecuencia de incapacidad permanente absoluta o gran invalidez.
- Prestaciones públicas por nacimiento, parto o adopción múltiple, adopción, maternidad o paternidad, hijos a cargo y orfandad.
- Las becas públicas y las concedidas por las entidades sin fines lucrativos y fundaciones bancarias para investigación, así como las otorgadas por aquellas con fines de investigación a los funcionarios y demás personal al servicio de las Administraciones públicas y al personal docente e investigador de las Universidades.
- Indemnizaciones (despido o cese del trabajador, responsabilidad civil por daños personales) en la cuantía legal o judicialmente reconocida.
- Las anualidades por alimentos percibidas de los padres en virtud de decisión judicial.
- Los premios literarios, artísticos o científicos relevantes, con las condiciones que se determinen, así como los premios Príncipe de Asturias.
- Los rendimientos positivos del capital mobiliario procedentes de los seguros de vida, depósitos y contratos financieros a través de los cuales se instrumentan los Planes de Ahorro a Largo Plazo.
- Los rendimientos del trabajo percibidos por trabajos efectivamente realizados en el extranjero con determinados requisitos.
- Las prestaciones percibidas por entierro o sepelio.
- La prestación de la Seguridad Social del Ingreso Mínimo Vital.

8. ESQUEMA DE LIQUIDACIÓN

RENTA GENERAL	RENTA DEL AHORRO
• Rendimientos del trabajo • Rendimientos del capital inmobiliario • Rendimientos de actividades económicas • Imputaciones de rentas • Ganancias y pérdidas patrimoniales no consideradas rentas del ahorro a transmisión de elementos patrimoniales Normas de integración y compensación de rentas	• Rendimientos del capital mobiliario • Ganancias y pérdidas patrimoniales por la transmisión de elementos patrimoniales Normas de integración y compensación de rentas
= BASE IMPONIBLE GENERAL	= BASE IMPONIBLE DEL AHORRO
- Reducciones - Reducciones por aportaciones y contribuciones a sistemas de previsión social - Reducciones por aportaciones a patrimonios protegidos de las personas con discapacidad - Reducción por pensiones compensatorias - Reducción por tributación conjunta	- Remanente en reducciones por pensiones compensatorias
BASE LIQUIDABLE GENERAL	BASE LIQUIDABLE DEL AHORRO

BASE LIQUIDABLE GENERAL x ESCALA ESTATAL GENERAL y AUTONÓMICA	BASE LIQUIDABLE DEL AHORRO x ESCALA ESTATAL DEL AHORRO y AUTONÓMICA
(-) MÍNIMO PERSONAL Y FAMILIAR x ESCALA ESTATAL GENERAL y AUTONÓMICA	(-) REMANENTE MÍNIMO PERSONAL Y FAMILIAR x ESCALA DEL AHORRO
CUOTA ÍNTEGRA ESTATAL	CUOTA ÍNTEGRA AUTONÓMICA

CUOTA ÍNTEGRA ESTATAL / CUOTA ÍNTEGRA AUTONÓMICA
- DEDUCCIONES EN LA CUOTA
= CUOTA LÍQUIDA ESTATAL / CUOTA LÍQUIDA AUTONÓMICA
= CUOTA LÍQUIDA
- DEDUCCIÓN POR DOBLE IMPOSICIÓN INTERNACIONAL - PAGOS A CUENTA: RENTENCIONES, INGRESOS A CUENTA Y PAGOS FRACCIONADOS - DEDUCCIÓN POR MATERNIDAD - DEDUCCIÓN POR FAMILIA NUMEROSA O PERSONAS CON DISCAPACIDAD A CARGO
= CUOTA DIFERENCIAL A INGRESAR (+) O A DEVOLVER (-)

9. TRIBUTACIÓN FAMILIAR

(Arts. 82 a 84 LIRPF). Existen dos modalidades de unidad familiar a efectos de tributar de manera conjunta:

1. Cónyuges no separados legalmente e hijos menores de 18 años que convivan con ambos, o hijos mayores de 18 años incapacitados judicialmente.
2. El padre o la madre y todos los hijos menores de 18 años que convivan con uno u otro, o mayores de 18 años incapacitados.

Las normas aplicables a la tributación conjunta son las siguientes:

- La tributación conjunta deberá abarcar a la totalidad de los miembros de la unidad familiar.
- Los límites cuantitativos establecidos a efectos de la tributación individual se aplicarán en idéntica cuantía en la tributación conjunta, salvo los casos de las aportaciones y contribuciones a sistemas de previsión social, a favor de discapacitados, a patrimonios protegidos de discapacitados en la base imponible previstos en los arts. 52, 53 y 54 y en la disposición adicional 11ª LIRPF, donde los máximos con derecho a reducción serán aplicados de manera individual por cada partícipe.
- El mínimo del contribuyente será, con carácter general, de 5.550 euros anuales. Cuando el contribuyente tenga una edad superior a 65 años, el mínimo se aumentará en 1.150 euros anuales. Si la edad es superior a 75 años, el mínimo se aumentará adicionalmente en 1.400 euros anuales (art. 57.1 y 2 LIRPF).
- Reducción por tributación conjunta: las unidades familiares que tributen conjuntamente aplicarán las siguientes reducciones en la base imponible, de forma prevista en los arts. 51, 53 y 54 y en la disposición adicional undécima de la LIRPF:
  Modalidad familiar 1: 3.400 euros.
  Modalidad familiar 2: 2.150 euros. No se aplicará esta reducción cuando el contribuyente conviva con el padre o la madre de alguno de los hijos que formen parte de su unidad familiar.

10. INDIVIDUALIZACIÓN DE RENTAS

El art. 11.1 de la LIRPF señala: «La renta se entenderá obtenida por los contribuyentes en función del origen o fuente de aquélla, cualquiera que sea, en su caso, el régimen económico del matrimonio».

Las fuentes son las siguientes:

- Rendimientos del trabajo: se atribuyen a quien genera el derecho a su percepción.
- Rendimientos del capital: se atribuyen a los contribuyentes que sean titulares de los elementos patrimoniales, bienes o derechos.
- Rendimientos de actividades económicas: se consideran obtenidos por quienes realicen de forma habitual, personal y directa la ordenación por cuenta propia de los medios de producción y los recursos humanos afectos a las actividades.
  Se presume, salvo prueba en contrario, a quienes figuren como titulares de las actividades económicas.
- Ganancias y pérdidas patrimoniales: se consideran obtenidas por los contribuyentes que sean titulares de los bienes, derechos y demás elementos patrimoniales.

IMPUTACIÓN TEMPORAL

Regla general (art. 14.1 LIRPF):

- Los rendimientos del trabajo y del capital se imputarán al periodo impositivo en que sean exigibles.
- Los rendimientos de actividades económicas se imputarán según devengo[14].
- Las ganancias y pérdidas patrimoniales se imputarán al periodo impositivo en que tenga lugar la alteración patrimonial.

---

[14] Criterio dispuesto en la normativa reguladora del Impuesto sobre Sociedades.

11. BASE IMPONIBLE Y BASE LIQUIDABLE

RENDIMIENTOS DEL TRABAJO

Esquema de liquidación del rendimiento neto reducido del trabajo:

Rendimientos íntegros - Reducciones = Rendimiento íntegro reducido

Rendimiento íntegro reducido - Gastos deducibles = Rendimiento neto del trabajo

Rendimiento neto del trabajo - Reducción variable por rendimientos del trabajo = Rendimiento neto reducido del trabajo

(+) RENDIMIENTOS ÍNTEGROS

A tenor del art. 17.1 de la LIRPF:

> *Se considerarán rendimientos íntegros del trabajo todas las contraprestaciones o utilidades, cualquiera que sea su denominación o naturaleza, dinerarias o en especie, que deriven, directa o indirectamente, del trabajo personal o de la relación laboral o estatutaria y no tengan el carácter de rendimientos de actividades económicas. Se incluyen: sueldos y salarios, prestaciones por desempleo, remuneraciones en concepto de gastos de representación, dietas y asignaciones para gastos de viajes, contribuciones o aportaciones satisfechas por los promotores de planes de pensiones, pensiones de jubilación, prestaciones de planes de pensiones, etc.*

La retribución dineraria computable será por el importe íntegro.

Las rentas en especie se recogen en el art. 42 de la LIRPF que dice: «Constituyen rentas en especie la utilización, consumo u obtención, para fines particulares, de bienes, derechos o servicios de forma gratuita o por precio inferior al normal de mercado, aun cuando no supongan un gasto real para quien las conceda».

Ejemplos: vivienda de la empresa, coche de la empresa, etc.

En el art. 43 de la LIRPF se recoge la valoración de las rentas en especie. En el caso de la utilización de vivienda por razón de cargo, si es propiedad del pagador se valora por el 10% del valor catastral o 5% si el valor catastral ha sido revisado o modificado. Si a la fecha de devengo del impuesto el inmueble carece de valor catastral, el porcentaje será del 5% y se aplicará sobre el 50% del mayor de los siguientes valores: el comprobado por la Administración a efectos de otros tributos o el precio, contraprestación o valor de la adquisición.

Asimismo, la valoración resultante no podrá exceder del 10% de las restantes contraprestaciones del trabajo.

Otro ejemplo es el de la utilización o entrega de vehículos automóviles. Cuando se trate de entrega, el coste de adquisición para el pagador, incluidos los tributos que graven la operación. Si se trata de uso, 20% anual del coste de adquisición para el pagador incluidos los tributos, y cuando el vehículo no es propiedad del pagador el 20% sobre el valor de mercado que corresponda al vehículo como si fuese nuevo. Cabe la reducción hasta de un 30% cuando se trate de vehículos considerados eficientes energéticamente. Por último, cuando se trate de utilización y posterior entrega, la valoración de esta última será teniendo en cuenta la que resulte del uso anterior.

(-) REDUCCIONES POR RENDIMIENTOS DEL TRABAJO

Como regla general el art. 18.1 de la LIRPF señala: «Los rendimientos íntegros se computarán en su totalidad, salvo que les resulte de aplicación alguno de los porcentajes de reducción a los que se refieren los apartados siguientes. Dichos porcentajes no resultarán de aplicación cuando la prestación se perciba en forma de renta».

De igual manera, el art. 18.2 de la LIRPF dice:

El 30% de reducción, en el caso de rendimientos íntegros distintos de los previstos en el art. 17.2 a) de esta Ley que tengan un periodo de generación superior a dos años, así como aquellos que se califiquen reglamentariamente como obtenidos de forma notoriamente irregular en el tiempo, en ambos casos, sin perjuicio de lo dispuesto en el párrafo siguiente, se imputen en un único periodo impositivo.

Tratándose de rendimientos derivados de la extinción de una relación laboral, común o especial, se considerará como período de generación el número de años de servicio del trabajador. En caso de que estos rendimientos se cobren de forma fraccionada, el cómputo del período de generación deberá tener en cuenta el número de años de fraccionamiento, en los términos que reglamentariamente se establezcan. Estos rendimientos no se tendrán en cuenta a efectos de lo establecido en el párrafo siguiente.

No obstante, esta reducción no resultará de aplicación a los rendimientos que tengan un período de generación superior a dos años cuando, en el plazo de los cinco períodos impositivos anteriores a aquél en el que resulten exigibles, el contribuyente hubiera obtenido otros rendimientos con período de generación superior a dos años, a los que hubiera aplicado la reducción prevista en este apartado.

La cuantía del rendimiento íntegro a que se refiere este apartado sobre la que se aplicará la citada reducción no podrá superar el importe de 300.000 euros anuales.

Sin perjuicio del límite previsto en el párrafo anterior, en el caso de rendimientos del trabajo cuya cuantía esté comprendida entre 700.000,01 euros y 1.000.000 de euros y deriven de la extinción de la relación laboral, común o especial, o de la relación mercantil a que se refiere el artículo 17.2 e) de esta Ley, o de ambas, la cuantía del rendimiento sobre la que se aplicará la reducción no podrá superar el importe que resulte de minorar 300.000 euros en la diferencia entre la cuantía del rendimiento y 700.000 euros.

Cuando la cuantía de tales rendimientos fuera igual o superior a 1.000.000 de euros, la cuantía de los rendimientos sobre la que se aplicará la reducción del 30% será cero.

Por último, el 30% de reducción, en el caso de prestaciones por pensiones y haberes pasivos percibidos de los regímenes públicos de seguridad social y mutualidades generales obligatorias de colegios de huérfanos, contratos de seguros, por jubilación e invalidez (art. 17.2 a) LIRPF), percibidas en forma de capital, transcurridos 2 años desde la primera aportación (salvo prestaciones por invalidez).

= RENDIMIENTO ÍNTEGRO REDUCIDO

(-) GASTOS DEDUCIBLES

- Cotizaciones a la Seguridad Social o a Mutualidades de Funcionarios.
- Cuotas satisfechas a Sindicatos y Colegios Profesionales (cuando la colegiación sea obligatoria, máximo 500 euros anuales).
- Gastos de defensa jurídica de litigios contra el empleador con el límite de 300 euros anuales.

= RENDIMIENTO NETO DEL TRABAJO

(-) REDUCCIÓN VARIABLE POR RENDIMIENTOS DEL TRABAJO

Art. 20 LIRPF:

Los contribuyentes con rendimientos netos del trabajo inferiores a 19.747,5 euros siempre que no tengan rentas, excluidas las exentas, distintas de las del trabajo superiores a 6.500 euros, minorarán el rendimiento neto del trabajo en las siguientes cuantías:

a) Contribuyentes con rendimientos netos del trabajo iguales o inferiores a 14.047,5 euros: 6.498 euros anuales.

b) Contribuyentes con rendimientos netos del trabajo comprendidos entre 14.047,5 y 19.747,5 euros: 6.498 euros menos el resultado de multiplicar por 1,14 la diferencia entre el rendimiento del trabajo y 14.047,5 euros anuales.

= RENDIMIENTO NETO REDUCIDO DEL TRABAJO

RENDIMIENTOS DE CAPITAL INMOBILIARIO (arts. 22-24 LIRPF)

Esquema de liquidación del rendimiento neto del capital inmobiliario:

Rendimientos íntegros - Gastos deducibles = Rendimiento neto

Rendimiento neto - Reducciones = Rendimiento neto reducido del capital inmobiliario

(+) RENDIMIENTOS ÍNTEGROS

Se incluyen los rendimientos que provienen de la titularidad de bienes inmuebles tanto rústicos como urbanos o de derechos que recaigan sobre ellos, por arrendamiento, cesión de derechos, uso o disfrute, etc.

Por ejemplo: rendimientos derivados del alquiler de un piso o de un local de negocio.

(-) GASTOS DEDUCIBLES

Los necesarios para la obtención de ingresos. Por ejemplo:

- Intereses de capitales ajenos invertidos en la adquisición o mejora del bien inmueble.
- Amortización del inmueble y de los demás bienes cedidos con éste, con los límites contemplados en la norma.
  Inmuebles: máximo del 3% sobre el mayor de los siguientes valores: el coste de adquisición satisfecho o el valor catastral, sin incluir el valor del suelo. Cuando no se conozca el valor del suelo, éste se calculará prorrateando el coste de adquisición satisfecho entre los valores catastrales del suelo y de la construcción de cada año.

  Muebles: a tenor de la tabla de amortización simplificada.

  = RENDIMIENTO NETO

  (-) REDUCCIONES

- Arrendamiento de bienes inmuebles destinados a vivienda: 60 % con carácter general.
- Rendimientos netos con un período de generación superior a dos años, así como los que se califiquen reglamentariamente como obtenidos de forma notoriamente irregular en el tiempo, se reducirán en un 30%, cuando, en ambos casos, se imputen en un único período impositivo.

Son rendimientos obtenidos de forma notoriamente irregular en el tiempo: importes obtenidos por traspaso o cesión de locales de negocio, indemnizaciones por daños o desperfectos en el inmueble, así como la constitución o cesión de derechos de uso de carácter vitalicio.

= RENDIMIENTO NETO REDUCIDO DEL CAPITAL INMOBILIARIO

IMPUTACIÓN DE RENTAS INMOBILIARIAS. RÉGIMEN ESPECIAL (art. 85 LIRPF)

Son rentas imputadas por la titularidad de bienes inmuebles urbanos no arrendados a su propietario, excluida la vivienda habitual.

Por ejemplo: una casa en el campo o un apartamento en la playa.

Con carácter general es el 2% del valor catastral, o el 1,1% si el valor se ha revisado después del 1 de enero de 1994.

RENDIMIENTOS DE CAPITAL MOBILIARIO (arts. 25 y 26 LIRPF)

Esquema de liquidación del rendimiento neto reducido del capital mobiliario:

Rendimientos íntegros - Gastos deducibles = Rendimiento neto

Rendimiento neto - Reducciones = Rendimiento neto reducido del capital mobiliario

(+) RENDIMIENTOS ÍNTEGROS

Son rendimientos íntegros los que provengan del capital mobiliario, así como bienes y derechos titularidad del sujeto pasivo, no afectos a actividades económicas.

Por ejemplo: dividendos de acciones o venta de letras del tesoro.

La LIRPF contempla en su art. 25 los rendimientos íntegros del capital mobiliario. Una síntesis de los mismos es la que se detalla a continuación:

a) Dividendos y asimilados: rendimientos procedentes de cualquier activo.

b) Intereses y operaciones con activos financieros: rendimientos por la cesión a terceros de capitales propios (por ejemplo, intereses de cuentas de instituciones financieras o intereses de préstamos concedidos a terceros) y operaciones con activos financieros (por ejemplo, títulos de la deuda pública: letras de tesoro, bonos del estado, etc.). El cálculo del rendimiento íntegro:

Intereses = importe íntegro devengado en el ejercicio incluyendo la retención.

Operaciones con activos financieros = valor de transmisión o reembolso menos valor de adquisición o suscripción.

c) Operaciones de capitalización y de contratos de seguros de vida e invalidez. El cómputo de los rendimientos es:

• Capital diferido[15]. Rendimiento = Capital percibido - importe de las primas satisfechas.

• Rentas vitalicias inmediatas: Rendimiento = Anualidad x porcentaje

Menos de 40 años = 40%

40-49 años = 35%

50-59 años = 28%

60-65 años = 24%

66-69 años = 20%

Mayor de 70 años = 8 %

• Rentas temporales inmediatas: Rendimiento = Anualidad x porcentaje

Inferior o igual a cinco años = 12%

Superior a cinco e inferior o igual a diez años = 16%

Superior a diez e inferior o igual a quince años = 20%

Superior a quince años = 25%

d) Otros rendimientos del capital mobiliario: propiedad intelectual cuando el sujeto pasivo no sea el autor, propiedad industrial,

---

[15] Cuando por ejemplo se ingresa una cantidad en el banco hoy y se tiene una rentabilidad dentro de un tiempo.

prestación de asistencia técnica, arrendamiento de bienes muebles, negocios o minas, etc.

(-) GASTOS DEDUCIBLES

- Los gastos de administración y depósito de valores negociables.
- Los gastos necesarios para la obtención de ingresos en los siguientes casos: arrendamiento de bienes muebles, negocios o minas, subarrendamientos, así como prestación de asistencia técnica.

= RENDIMIENTO NETO

(-) REDUCCIÓN POR RENDIMIENTOS IRREGULARES O CON PERIODO DE GENERACIÓN SUPERIOR A 2 AÑOS

Esta reducción se aplica para el bloque «otros rendimientos de capital mobiliario» con periodo de generación superior a dos años o que se califiquen reglamentariamente como obtenidos de forma irregular.

= RENDIMIENTO NETO REDUCIDO DEL CAPITAL MOBILIARIO

RENDIMIENTOS DE ACTIVIDADES ECONÓMICAS

A tenor del art. 27.1 de la LIRPF:

Se considerarán rendimientos íntegros de actividades económicas aquellos que, procediendo del trabajo personal y del capital conjuntamente, o de uno solo de estos factores, supongan por parte del contribuyente la ordenación por cuenta propia de medios de producción y de recursos humanos o de uno de ambos, con la finalidad de intervenir en la producción o distribución de bienes o servicios.

En particular, tienen esta consideración los rendimientos de las actividades extractivas, de fabricación, comercio o prestación de servicios, incluidas las de artesanía, agrícolas, forestales, ganaderas, pesqueras, de construcción, mineras, y el ejercicio de profesiones liberales, artísticas y deportivas.

En cuanto al arrendamiento de inmuebles se entiende actividad económica cuando se tenga una persona empleada con contrato laboral y a jornada completa.

Las ganancias o pérdidas patrimoniales derivadas de los elementos patrimoniales afectos no se incluirán en el rendimiento neto de las actividades económicas.

Son elementos patrimoniales afectos los que constituyen el patrimonio empresarial del sujeto pasivo. De igual modo, se consideran elementos patrimoniales afectos a una actividad económica, aquellos que el sujeto pasivo:

- Utilice para los fines de la actividad empresarial (por ejemplo, un vehículo).
- Utilice para la obtención de los rendimientos empresariales.
- Los que figuren en la contabilidad o registros oficiales de la actividad económica.
- Los bienes inmuebles en los que se desarrolla la actividad del contribuyente (por ejemplo, un local).
- Los bienes destinados a los servicios económicos y socioculturales del personal al servicio de la actividad.

Se consideran elementos patrimoniales no afectos: los no registrados, los de uso particular o recreativos (por ejemplo, vivienda o vehículo particular) ni los utilizados simultáneamente para usos privados.

MÉTODOS PARA LA DETERMINACIÓN DEL RENDIMIENTO NETO (arts. 30 y 31 LIRPF)

Existen tres métodos para la determinación del rendimiento neto:

a) Método de estimación directa modalidad normal (art. 30 LIRPF)
b) Método de estimación directa modalidad simplificada (art. 30 LIRPF)
c) Método de estimación objetiva (art. 31 LIRPF)

A continuación, se va a proceder al análisis de los diferentes métodos:

a) Método de estimación directa modalidad normal (art. 30 LIRPF)
- Empresarios y profesionales cuya cifra de negocios sea superior a 600.000 euros en el año anterior, o que siendo inferior hayan renunciado al método de estimación directa modalidad simplificada.

b) Método de estimación directa modalidad simplificada (art. 30 LIRPF)
- Empresarios y profesionales cuya cifra de negocio no supere los 600.000 euros en el año anterior.

c) Método de estimación objetiva (art. 31 LIRPF)
- Empresarios y profesionales que realizan dentro del país actividades incluidas en la Orden Ministerial vigente, sin superar los límites cuantitativos fijados.
- Empresarios y profesionales cuya cifra de negocio no supere los 150.000 euros en el año anterior (actividades económicas, excepto las agrícolas, ganaderas y forestales) y 250.0000 euros (actividades ganaderas, agrícolas y forestales).
- Volumen de compras en bienes y servicios, excluidas las adquisiciones de inmovilizado, en el ejercicio anterior no supere los 150.000 euros.
- Empresarios y profesionales que no han renunciado al régimen.

ESQUEMA DE LIQUIDACIÓN DEL MÉTODO DE ESTIMACIÓN DIRECTA

Ingresos íntegros - Gastos deducibles = Rendimiento neto

Rendimiento neto - Reducción = Rendimiento neto reducido

ESTIMACIÓN DIRECTA

(+) INGRESOS ÍNTEGROS

- Ingresos de explotación
- Otros ingresos: subvenciones y transferencias
- Autoconsumo de bienes y servicios

(-) GASTOS DEDUCIBLES

- Consumos de explotación
- Sueldos y salarios
- Seguridad social a cargo de la empresa
- Otros gastos de personal
- Arrendamientos y cánones
- Reparaciones y conservación
- Servicios de profesionales independientes
- Suministros
- Otros servicios exteriores
- Tributos fiscalmente deducibles
- Gastos financieros
- Amortizaciones

EDN (Normativa Impuesto sobre Sociedades)

EDS (Tabla Amortización Simplificada)

- Provisiones
- Otros gastos deducibles[16]

= RENDIMIENTO NETO

(-) REDUCCIÓN

- Reducción por irregularidad 30% con periodo de generación superior a dos años.

= RENDIMIENTO NETO REDUCIDO

GANANCIAS Y PÉRDIDAS PATRIMONIALES

El concepto de ganancias y pérdidas patrimoniales se recoge en el art. 33.1 de la LIRPF: «Variaciones en el valor del patrimonio del contribuyente que se

---

[16] Tienen la consideración de gasto deducible las primas de seguro de enfermedad satisfechas por el contribuyente en la parte correspondiente a su propia cobertura y a la de su cónyuge e hijos menores de 25 años que convivan con él. El límite máximo de deducción es de 500 euros por cada uno.

pongan de manifiesto con ocasión de cualquier alteración en la composición de aquél, salvo que por esta Ley se califiquen como rendimientos».

Por ejemplo: la venta de una vivienda o de una plaza de garaje.

Las siguientes ganancias patrimoniales están exentas del impuesto:

- La transmisión de la vivienda habitual por mayores de sesenta y cinco años o por personas en situación de dependencia severa o de gran dependencia de conformidad con la Ley de promoción de la autonomía personal y atención a las personas en situación de dependencia.
- La transmisión lucrativa por causa de muerte del contribuyente.

No computan como pérdidas patrimoniales (art. 33.5 LIRPF):

- Las no justificadas.
- Las debidas al consumo.
- Las debidas a transmisiones lucrativas por actos intervivos o a liberalidades.
- Las debidas a pérdidas en el juego.
- Las derivadas de las transmisiones de elementos patrimoniales, cuando el transmitente vuelva a adquirirlos dentro del año siguiente a la fecha de dicha transmisión.

La norma general del importe de las ganancias o pérdidas patrimoniales figura en el art. 34.1 de la LIRPF y dice:

El importe de las ganancias o pérdidas patrimoniales será:

a) *En el supuesto de transmisión onerosa o lucrativa, la diferencia entre los valores de adquisición y transmisión de los elementos patrimoniales.*

b) *En los demás supuestos, el valor de mercado de los elementos patrimoniales o partes proporcionales, en su caso.*

Valor de adquisición = Importe real de adquisición + Coste de inversiones y mejoras + Gastos y tributos (excluidos intereses) - Amortizaciones.

Valor de transmisión = Importe real de la enajenación - Gastos y tributos derivados de la enajenación.

INTEGRACIÓN Y COMPENSACIÓN DE RENTAS

A continuación, hay que proceder a la integración y compensación de las distintas rentas en función de su origen y clasificación como renta general o renta del ahorro.

Para el cálculo de la base imponible, las cuantías positivas o negativas de las rentas del contribuyente se integrarán y compensarán.

La base imponible general será el resultado de sumar los siguientes saldos (art. 48 LIRPF):

a) El saldo resultante de integrar y compensar entre sí, sin limitación alguna, en cada período impositivo, los rendimientos y las imputaciones de renta a que se refiere el artículo 45 de esta Ley.

b) El saldo positivo resultante de integrar y compensar, exclusivamente entre sí, en cada período impositivo, las ganancias y pérdidas patrimoniales, excluidas las previstas en el artículo siguiente.

Si el resultado de la integración y compensación arrojase saldo negativo, su importe se compensará con el saldo positivo de las rentas previstas en el párrafo a) de este artículo, obtenido en el mismo período impositivo, con el límite del 25% de dicho saldo positivo.

Si tras dicha compensación quedase saldo negativo, su importe se compensará en los cuatro años siguientes en el mismo orden establecido en los párrafos anteriores.

La compensación deberá efectuarse en la cuantía máxima que permita cada uno de los ejercicios siguientes y sin que pueda practicarse fuera del plazo de cuatro años mediante la acumulación a pérdidas patrimoniales de ejercicios posteriores.

La base imponible del ahorro estará constituida por el saldo positivo de sumar los siguientes saldos (art. 49 LIRPF):

a) El saldo positivo resultante de integrar y compensar, exclusivamente entre sí, en cada período impositivo, los rendimientos a que se refiere el artículo 46 de esta Ley (rendimientos de capital mobiliario).

   Si el resultado de la integración y compensación arrojase saldo negativo, su importe se compensará con el saldo positivo de las rentas previstas en la letra b) de este apartado, obtenido en el mismo período impositivo, con el límite del 25% de dicho saldo positivo.

   Si tras dicha compensación quedase saldo negativo, su importe se compensará en los cuatro años siguientes en el mismo orden establecido en los párrafos anteriores.

b) El saldo positivo resultante de integrar y compensar, exclusivamente entre sí, en cada período impositivo, las ganancias y pérdidas patrimoniales obtenidas en el mismo a que se refiere el artículo 46 de esta Ley.

Si el resultado de la integración y compensación arrojase saldo negativo, su importe se compensará con el saldo positivo de las rentas previstas en la letra a) de este apartado, obtenido en el mismo período impositivo, con el límite del 25% de dicho saldo positivo.

Si tras dicha compensación quedase saldo negativo, su importe se compensará en los cuatro años siguientes en el mismo orden establecido en los párrafos anteriores.

Las compensaciones previstas en el apartado anterior deberán efectuarse en la cuantía máxima que permita cada uno de los ejercicios siguientes y sin que puedan practicarse fuera del plazo a que se refiere el apartado anterior mediante la acumulación a rentas negativas de ejercicios posteriores.

BASE LIQUIDABLE: GENERAL Y DEL AHORRO

BASE LIQUIDABLE GENERAL

Base imponible general - Reducciones = Base liquidable general

(-) REDUCCIONES

- Reducciones por aportaciones y contribuciones a sistemas de previsión social (arts. 51 y 52 LIRPF)
  Son las siguientes aportaciones:
  a) Planes de pensiones
  b) Mutualidades de previsión social
  c) Planes de previsión asegurados
  d) Planes de previsión social empresarial
  e) Seguros privados de dependencia

El límite máximo conjunto de las aportaciones será la menor de las cantidades siguientes:

a) El 30% de la suma de los rendimientos del trabajo y de actividades económicas percibidos individualmente en el ejercicio.
b) 1.500 euros anuales.

Además, 5.000 euros anuales para las primas a seguros colectivos de dependencia satisfechas por la empresa.

Plazo para aplicar reducciones no efectuadas por insuficiencia de base imponible o superación de límites establecidos: cinco ejercicios siguientes.

- Reducciones por aportaciones y contribuciones a sistemas de previsión social constituidos a favor de personas con discapacidad (art. 53 LIRPF)

Las aportaciones realizadas a planes de pensiones a favor de personas con discapacidad con un grado de minusvalía física o sensorial igual o superior al 65%, psíquica igual o superior al 33%, así como de personas que tengan una incapacidad declarada judicialmente con independencia de su grado.

Límite aportaciones efectuadas por parientes: 10.000 euros.

Límite aportaciones efectuadas por el propio discapacitado: 24.250 euros.

Límite conjunto aportaciones efectuadas a favor de un mismo discapacitado: 24.250 euros.

El plazo para aplicar reducciones no efectuadas por insuficiencia de base imponible: 5 ejercicios siguientes.

- Reducciones por aportaciones a patrimonios protegidos de las personas con discapacidad (art. 54 LIRPF)

  Aportaciones efectuadas por las personas que tengan con el discapacitado una relación de parentesco en línea directa o colateral hasta el tercer grado inclusive, así como por el cónyuge de la persona con discapacidad o por aquellos que lo tuviesen a su cargo en régimen de tutela o acogimiento.

  Límite aportaciones efectuadas por cónyuge o parientes: 10.000 euros.

  Límite conjunto aportaciones efectuadas a favor de un mismo discapacitado: 24.250 euros.

  El plazo para aplicar reducciones no efectuadas por insuficiencia de base imponible o superación de límites: 4 ejercicios siguientes.

- Reducción por pensiones compensatorias (art. 55 LIRPF)

  Pensiones compensatorias a favor del cónyuge y las anualidades por alimentos (excepto a hijos), satisfechas por decisión judicial.

- Reducción por tributación conjunta (art. 84 LIRPF)

  Unidad familiar formada por cónyuges e hijos: 3.400 euros.

  Unidad familiar formada por el padre o la madre y los hijos: 2.150 euros.

Por último, si la base liquidable general resultase negativa, su importe podrá ser compensado con los de las bases liquidables generales positivas que se obtengan en los cuatro años siguientes (art. 50.3 LIRPF).

BASE LIQUIDABLE DEL AHORRO

A tenor del art. 50.2 de la LIRPF: «La base liquidable del ahorro será el resultado de disminuir la base imponible del ahorro en el remanente, si lo hubiera, de la reducción prevista en el artículo 55[17], sin que pueda resultar negativa como consecuencia de tal disminución».

Si la base liquidable del ahorro resultase negativa, su importe podrá ser compensado con los de las bases liquidables del ahorro positivas que se obtengan en los cuatro años siguientes.

12. CUOTA ÍNTEGRA

MÍNIMO PERSONAL Y FAMILIAR

El art. 56.1 de la LIRPF señala: «El mínimo personal y familiar constituye la parte de la base liquidable que, por destinarse a satisfacer las necesidades básicas personales y familiares del contribuyente, no se somete a tributación por este Impuesto».

Mínimo personal y familiar = Mínimo del contribuyente + Mínimos descendientes, ascendientes y discapacidad

- Mínimo del contribuyente:
  a) General: 5.550 euros anuales.
  b) Contribuyente edad superior a 65 años: + 1.150 euros anuales.
  c) Contribuyente edad superior a 75 años: + 1.400 euros anuales.
- Mínimo por descendientes:
  Descendiente menor de 25 años o con discapacidad cualquiera que sea su edad, siempre que conviva con el contribuyente y no tenga rentas anuales, excluidas las exentas, superiores a 8.000 euros:
  a) 2.400 euros por el primero.
  b) 2.700 euros por el segundo.
  c) 4.000 euros por el tercero.
  d) 4.500 euros por el cuarto y siguientes.
  e) Si es menor de 3 años: + 2.800 euros.

---

[17] Reducción por pensiones compensatorias.

- Mínimo por ascendientes:

Ascendiente mayor de 65 años o con discapacidad cualquiera que sea su edad que conviva con el contribuyente y no tenga rentas anuales, excluidas las exentas, superiores a 8.000 euros:

a) Ascendiente mayor de 65 años: 1.150 euros.
b) Ascendiente mayor de 75 años: + 1.400 euros.

- Mínimo por discapacidad:

Suma del mínimo por discapacidad del contribuyente y del mínimo por discapacidad de ascendientes y descendientes:

a) Persona con discapacidad: 3.000 euros anuales.
b) Persona con discapacidad y acredite un grado de minusvalía igual o superior al 65%: 9.000 euros anuales.
c) Gastos de asistencia, es decir, cuando acredite necesitar ayuda de terceras personas o movilidad reducida, o un grado de minusvalía igual o superior al 65%: + 3.000 euros.

ESCALAS DE GRAVAMEN

ESCALA ESTATAL GENERAL (art. 63 LIRPF)

Base liquidable	Cuota íntegra	Resto base liquidable	Tipo aplicable
—	—	—	—
Hasta euros	Euros	Hasta euros	Porcentaje
0,00	0,00	12.450,00	9,50
12.450,00	1.182,75	7.750,00	12,00
20.200,00	2.112,75	15.000,00	15,00
35.200,00	4.362,75	24.800,00	18,50
60.000,00	8.950,75	240.000,00	22,50
300.000,00	62.950,75	En adelante	24,50

ESCALA ESTATAL DEL AHORRO (art. 66 LIRPF)

Base liquidable del ahorro — Hasta euros	Cuota íntegra — Euros	Resto base liquidable del ahorro — Hasta euros	Tipo aplicable — Porcentaje
0	0	6.000	9,5
6.000,00	570	44.000	10,5
50.000,00	5.190	150.000	11,5
200.000,00	22.440	100.000	13,5
300.000,00	35.940	En adelante	14

ESCALA AUTONÓMICA GENERAL COMUNIDAD DE MADRID 2023

Base liquidable — Hasta euros	Cuota íntegra — Euros	Resto base liquidable — Hasta euros	Tipo aplicable — Porcentaje
0,00	0,00	13.362,22	8,50
13.362,22	1.135,79	5.642,41	10,70
19.004,63	1.739,53	16.421,05	12,80
35.425,68	3.841,42	21.894,72	17,40
57.320,40	7.651,10	En adelante	20,50

ESCALA AUTONÓMICA DEL AHORRO (art. 76 LIRPF)

A la base liquidable del ahorro se le aplicarán los tipos que se indican en la siguiente escala (art. 76.1 LIRPF):

Base liquidable del ahorro — Hasta euros	Cuota íntegra — Euros	Resto base liquidable del ahorro — Hasta euros	Tipo aplicable — Porcentaje
0	0	6.000	9,5
6.000,00	570	44.000	10,5
50.000,00	5.190	150.000	11,5
200.000,00	22.440	100.000	13,5
300.000,00	35.940	En adelante	14

CÁLCULO DE LA CUOTA ÍNTEGRA ESTATAL

La cuota íntegra estatal del Impuesto será la suma de las cuantías resultantes de aplicar la escala de gravamen estatal general (art. 63 LIRPF) y el tipo de gravamen del ahorro estatal (art. 66 LIRPF), a las bases liquidables general y del ahorro, respectivamente (art. 62 LIRPF).

CÁLCULO DE LA CUOTA ÍNTEGRA AUTONÓMICA

La cuota íntegra autonómica del Impuesto será la suma de las cuantías resultantes de aplicar la escala de gravamen autonómica general (art. 74 LIRPF) y el tipo de gravamen del ahorro autonómico (art. 76 LIRPF), a las bases liquidables general y del ahorro, respectivamente (art. 73 LIRPF).

CUOTA LÍQUIDA ESTATAL Y AUTONÓMICA

Cuota íntegra estatal - Deducciones estatales = Cuota líquida estatal

Cuota íntegra autonómica - Deducciones autonómicas = Cuota líquida autonómica

Deducciones estatales:

- Deducción por inversión en empresas de nueva o reciente creación: 100%
- Deducciones en actividades económicas: 50%
- Deducciones por donativos y otras aportaciones: 50%
- Deducción por rentas obtenidas en Ceuta o Melilla: 50%
- Deducción por actuaciones para la protección y difusión del Patrimonio Histórico Español y de las ciudades, conjuntos y bienes declarados Patrimonio Mundial: 50%

Deducciones autonómicas:

- Deducciones en actividades económicas: 50%
- Deducciones por donativos y otras aportaciones: 50%
- Deducción por rentas obtenidas en Ceuta o Melilla: 50%
- Deducción por actuaciones para la protección y difusión del Patrimonio Histórico Español y de las ciudades, conjuntos y bienes declarados Patrimonio Mundial: 50%

Cuota líquida total = Cuota líquida estatal + Cuota líquida autonómica

CUOTA DIFERENCIAL

Cuota diferencial = Cuota líquida total - Deducción por doble imposición internacional - Pagos a cuenta

- Deducción por doble imposición internacional

Se deduce la menor de las siguientes cantidades:

a) Importe efectivo del impuesto satisfecho en el extranjero.

b) El resultado de aplicar el tipo medio efectivo de gravamen a la parte de la base liquidable gravada en el extranjero.

Cuota resultante de la declaración = Cuota diferencial - Deducción por maternidad - Deducción por familia numerosa o personas con discapacidad a cargo

- Deducción por maternidad

1.200 euros anuales por cada hijo menor de tres años hasta que el menor alcance los tres años de edad. En los supuestos de adopción o acogimiento, tanto preadoptivo como permanente, la deducción se podrá practicar, con independencia de la edad del menor, durante los tres años siguientes a la fecha de la inscripción en el Registro Civil.

a) Mujeres con hijos menores de 3 años.

b) Que realicen una actividad por cuenta propia o ajena.

c) Dadas de alta en el régimen de la Seguridad Social.

- Deducción por familia numerosa o personas con discapacidad a cargo

Los contribuyentes que realicen una actividad por cuenta propia o ajena y estén dados de alta en el régimen de Seguridad Social:

a) 1.200 euros anuales por cada descendiente con discapacidad.

b) 1.200 euros anuales por cada ascendiente con discapacidad.

c) 1.200 euros anuales por ser un ascendiente, o un hermano huérfano de padre y madre.

d) 1.200 euros anuales por el cónyuge no separado legalmente con discapacidad.

PAGOS A CUENTA

Según el art. 99.1 de la LIRPF: «Los pagos a cuenta que, en todo caso, tendrán la consideración de deuda tributaria, podrán consistir en: a) Retenciones, b) Ingresos a cuenta, y c) Pagos fraccionados».

Las retenciones se aplican sobre las retribuciones dinerarias, y los ingresos a cuenta se aplican sobre las retribuciones en especie.

Están obligados a retener (arts. 76 RIRPF y 99 LIRPF):

- Personas jurídicas.
- Contribuyentes que ejerzan actividades económicas.
- Personas físicas, jurídicas y demás entidades no residentes en territorio español, que operen en él mediante establecimiento permanente, en cuanto a los rendimientos del trabajo que satisfagan, así como respecto de otros rendimientos sometidos a retención o ingreso a cuenta que constituyan gasto deducible para la obtención de las rentas a que se refiere el artículo 24.2 del texto refundido de la Ley del Impuesto sobre la Renta de no Residentes.

Rentas sujetas a retención o ingreso a cuenta (art. 75.1 y 2 RIRPF):

- Los rendimientos del trabajo.
- Los rendimientos del capital mobiliario.
- Los rendimientos de las siguientes actividades económicas: profesionales, agrícolas y ganaderas, forestales, y estimación objetiva.
- Las siguientes ganancias patrimoniales: las obtenidas como consecuencia de las transmisiones o reembolsos de acciones y participaciones representativas del capital o patrimonio de las instituciones de inversión colectiva, así como las derivadas de los aprovechamientos forestales de los vecinos en montes públicos.
- Los rendimientos procedentes del arrendamiento o subarrendamiento de inmuebles urbanos.
- Los rendimientos procedentes de la propiedad intelectual, industrial, de la prestación de asistencia técnica, del arrendamiento de bienes muebles, negocios o minas, del subarrendamiento sobre los bienes anteriores y los procedentes de la cesión del derecho a la explotación del derecho de imagen.
- Los premios que se entreguen como consecuencia de la participación en juegos, concursos, rifas o combinaciones aleatorias, estén o no vinculados a la oferta, promoción o venta de determinados bienes, productos o servicios.

13. GESTIÓN DEL IMPUESTO: OBLIGACIÓN DE DECLARAR, PLAZOS DE DECLARACIÓN E INGRESOS

OBLIGACIÓN DE DECLARAR (arts. 96 LIRPF y 61 RIRPF):

Los contribuyentes estarán obligados a presentar y suscribir declaración por este Impuesto, con los límites y condiciones que reglamentariamente se establezcan.

No tendrán que declarar los contribuyentes que obtengan rentas procedentes exclusivamente de las siguientes fuentes, en tributación individual o conjunta:

a) Rendimientos íntegros del trabajo, con el límite de 22.000 euros anuales.

b) Rendimientos íntegros del capital mobiliario y ganancias patrimoniales sometidos a retención o ingreso a cuenta, con el límite conjunto de 1.600 euros anuales.

c) Rentas inmobiliarias imputadas en virtud del artículo 85 de esta Ley, rendimientos íntegros del capital mobiliario no sujetos a retención derivados de letras del Tesoro y subvenciones para la adquisición de viviendas de protección oficial o de precio tasado y demás ganancias patrimoniales derivadas de ayudas públicas, con el límite conjunto de 1.000 euros anuales.

En ningún caso tendrán que declarar los contribuyentes que obtengan exclusivamente rendimientos íntegros del trabajo, de capital o de actividades económicas, así como ganancias patrimoniales, con el límite conjunto de 1.000 euros anuales y pérdidas patrimoniales de cuantía inferior a 500 euros.

El límite de los rendimientos íntegros del trabajo será de 15.000 euros para los contribuyentes que perciban rendimientos íntegros del trabajo en los siguientes supuestos:

a) Cuando procedan de más de un pagador. No obstante, el límite será de 22.000 euros anuales en los siguientes supuestos:

- Si la suma de las cantidades percibidas del segundo y restantes pagadores, por orden de cuantía, no supera en su conjunto la cantidad de 1.500 euros anuales.

- Cuando se trate de contribuyentes cuyos únicos rendimientos del trabajo consistan en las prestaciones pasivas a que se refiere el artículo 17.2 a) de esta ley y la determinación del tipo de retención aplicable se hubiera realizado de acuerdo con el procedimiento especial que reglamentariamente se establezca.

b) Cuando se perciban pensiones compensatorias del cónyuge o anualidades por alimentos diferentes de las previstas en el artículo 7 de esta ley.

c) Cuando el pagador de los rendimientos del trabajo no esté obligado a retener de acuerdo con lo previsto reglamentariamente.

d) Cuando se perciban rendimientos íntegros del trabajo sujetos a tipo fijo de retención.

Estarán obligados a declarar en todo caso los contribuyentes que tengan derecho a deducción por doble imposición internacional o que realicen aportaciones a patrimonios protegidos de las personas con discapacidad, planes de pensiones, planes de previsión asegurados o mutualidades de previsión social, planes de previsión social empresarial y seguros de dependencia que reduzcan la base imponible, en las condiciones que se establezcan reglamentariamente.

PLAZOS DE DECLARACIÓN E INGRESOS (art. 111 RIRPF)

Los empresarios y profesionales estarán obligados a declarar e ingresar trimestralmente en el Tesoro Público las cantidades determinadas en los plazos siguientes:

a) Los tres primeros trimestres, entre el día 1 y el 20 de los meses de abril, julio y octubre.

b) Cuarto trimestre, entre el día 1 y el 30 del mes de enero.

La declaración se ajustará a las condiciones y requisitos, y el ingreso se efectuará en la forma y lugar que determine el ministro de Economía y Hacienda.

3. EL IMPUESTO SOBRE SOCIEDADES

Antes de proceder al análisis del Impuesto sobre Sociedades, así como de sus elementos, es esencial destacar los aspectos claves de la Contabilidad para una mejor comprensión del mismo.

1. LA LÓGICA CONTABLE

La contabilidad es una rama de la ciencia económica- empresarial que estudia la manera de producir información en términos cuantitativos acerca de los resultados, costes y estructura financiera, es decir, en torno a la realidad económica pasada y presente de las unidades en que se organiza la realidad económica tanto de empresas, organismos públicos, así como de la propia nación.

La gestión se traduce en sacar el máximo aprovechamiento de los recursos que se tienen, es decir, de lo que va a venir o de lo que se pueda inventar (la creatividad es fundamental). En definitiva, se trata de coordinar recursos materiales, económicos y humanos (recursos actuales, futuros y la capacidad de generar recursos).

A lo largo del tiempo, se gestionan hechos, acontecimientos o situaciones. Una persona eficiente[18] es aquella que tiene buena capacidad de gestión y obtiene resultados. Dentro de la gestión, una parte fundamental es la manera de gestionar la información. La gestión de la información económica-

---

[18] La eficiencia de Pareto se da cuando no es posible mejorar el bienestar de ninguna persona sin empeorar el de otra. Este criterio se aplica tanto al consumo como a la producción.

financiera es visible en unos casos y oculta en otros. Por ejemplo, un coste visible es el coste de un local.

La pregunta que hay que formular es la siguiente: ¿cuáles son los costes ocultos de una empresa? Por ejemplo, la motivación de los empleados, así como en una reunión de trabajo el tiempo del personal.

A través de la contabilidad se consigue poner la información en blanco y negro para que se pueda entender. La información contable tiene que ser veraz, es decir, reflejar la imagen fiel, reflejar la situación económica-financiera de la empresa para poder tomar decisiones. La contabilidad es información, y lo que se busca es gestionar mejor las cosas. La información contable tiene que ser comprensible y útil para los usuarios.

Otra cuestión que hay que formular es la de ¿por qué las pymes llevan la contabilidad? La respuesta es sencilla ya que se lo pide Hacienda.

Una gestoría tramita lo que la empresa le ha dado. No se puede hacer un asiento contable si no se tiene un documento que lo justifique. Por tanto, no se puede mentir en la realidad.

Por ejemplo, se crea una sociedad limitada. Hay que ir al Notario, se firma y se inicia la contabilidad. Por consiguiente, se tiene un asiento de apertura:

a) Capital social 3.000 euros
b) Se compra mobiliario por 600 euros (factura)
c) Se paga al proveedor 600 euros
d) Anticipos a personal 200 euros

3.000 euros Bancos a Capital social 3.000 euros

600 euros Mobiliario a Proveedor 600 euros

600 euros Proveedor a Bancos 600 euros

200 euros Anticipos a personal a Bancos 200 euros

Por consiguiente, se trata de reflejar la imagen fiel del patrimonio y la operatividad de la empresa. En definitiva, cuál es el patrimonio y cómo ha funcionado la empresa. Esto tiene que ser acorde a los objetivos generales que tenga la empresa.

Asimismo, es necesario que haya una metodología y una disciplina en la empresa. El proceso y la metodología administrativa que tengan su repercusión en el registro contable son en beneficio de todos. Es necesario que haya planificación en todos los aspectos. Optimización de eficacia y eficiencia.

En definitiva, cuando se habla de la lógica contable se hace referencia al mecanismo lógico que está detrás de la contabilidad y, por consiguiente, hay que proceder a la preparación de los estados financieros. Cualquier hecho económico tiene un origen y un destino, que es lo que se denomina método de la partida doble. Esto se traduce en pensar de derecha a izquierda, es decir, toda entrada tiene una salida. Todo origen tiene un destino. Puede haber diferencias a la hora de contabilizar las cosas y puede haber pequeñas modificaciones. La contabilidad como herramienta de información tiene sentido cuando se compara con otros años anteriores.

Los Estados financieros son los documentos que reflejan la información económica, y son cinco:

1. Balance de Situación. Es una foto que informa del patrimonio, es decir, bienes, derechos y obligaciones que tiene la empresa. Representa la situación patrimonial de la empresa. Por ejemplo, se presenta la información patrimonial el 29 de junio de 2024. Por tanto, esta es la fecha en la que se cierra la contabilidad para ver la situación.
2. Cuenta de Pérdidas y Ganancias. Es una película y representa la situación económica de la empresa. Es el documento que toma un periodo, por ejemplo, del 1 de enero de 2024 al 31 de enero de 2024.
3. Estado de Patrimonio Neto. Hace referencia al neto de la empresa. Ejemplo: capital social[19].
4. Estado de Flujos de Efectivo. Son los movimientos de tesorería. Generación y empleo del efectivo.

---

[19] El capital social junto a las reservas y el remanente de ejercicios anteriores constituyen los denominados fondos propios, es decir, recursos que la empresa no ha tenido que pedir.

5. Memoria (de cara el Registro Mercantil). Es el documento en el que se recogen las cuentas que se van a presentar en el Registro. A 31 de diciembre.

El 1, 2 y 4 son para las pymes.

Hay que ir registrando todos los movimientos durante el año natural (hechos relevantes contablemente). De igual modo, pueden existir diferencias de presentación entre los balances de empresas, es decir, puede ocurrir que haya empresas que los abrevien más y otras menos. Asimismo, cuando se cierra la contabilidad de 2024 tiene que estar disponible a finales de enero de 2025. Por tanto, se requiere una preparación en tiempo oportuno.

Los requisitos para la información en los planes contables son:

- Relevante: cuando es útil para la toma de decisiones económicas.
- Fiable: cuando está libre de errores materiales y es neutral, es decir, libre de sesgos.
- Íntegra: esta cualidad se deriva de la fiabilidad y requiere que la información sea completa.
- Comparable: cuando permite contrastar la situación y rentabilidad, lo que exige uniformidad.
- Clara: cuando los usuarios pueden formarse un juicio exacto al examinar la información.

A continuación, hay que plantear ¿qué es registrar? Pasar los hechos económicos en blanco y negro. ¿Qué procedimiento se utiliza para pasar ese hecho a un papel con un formato? El registrar un hecho parte de los apuntes de los hechos que acontecen diariamente: Libro Diario. En este Libro se van apuntando históricamente todos los acontecimientos que han ido pasando. Los asientos tienen que cuadrar. El registro de todos los asientos está en el Libro Diario. Por consiguiente, hay que registrar las cosas con un soporte documental detrás, y anotar las cosas en el momento en que son.

Por otra parte, está el Libro Mayor que refleja las cuentas de mayor.

A continuación, se va a proceder al análisis del Balance de Situaciones, así como de la Cuenta de Pérdidas y Ganancias.

BALANCE DE SITUACIONES

El balance muestra tanto el activo como la forma en que se financia. El pasivo es el dinero facilitado a la empresa y sus fuentes, y el activo cómo se utilizó el dinero facilitado. El total del activo tiene que ser igual al total del pasivo. Asimismo, en el balance debe figurar el nombre de la empresa y la fecha.

El activo se pone de menos a más liquidez. Primero el activo no corriente (terrenos, locales, mobiliario, es decir, cosas que la empresa no quiere que se transformen en dinero), y luego el activo corriente (existencias, clientes, así como caja y bancos entre otros).

El pasivo (el origen del dinero, de dónde viene el dinero). Por un lado, están los fondos propios (el capital social, es decir, el capital que han aportado los socios), y por otro, los fondos ajenos (pasivo no corriente y pasivo corriente).

Los fondos propios estás compuestos por el capital social y las reservas (beneficios no distribuidos que se emplean para reinvertir). Las reservas obligatorias son las que hay que dejar siempre en la empresa y son de un 10%[20].

El pasivo no corriente está compuesto de las deudas a medio y largo plazo a Bancos y proveedores. Por ejemplo, un préstamo de un coche a cinco años.

El pasivo corriente está compuesto de las deudas a corto plazo. Por ejemplo, a Hacienda, proveedores. Por tanto, el primer año del préstamo a ese banco.

Por tanto, en un en un préstamo a 5 años, el primer año (pasivo corriente) y los 4 restantes (pasivo no corriente).

---

[20] En España, está establecida por la Ley de Sociedades Anónimas. Se constituye con el 10% de los beneficios después de impuestos, siempre que estos beneficios superen el 6% del capital social, y hasta constituir un fondo que represente el 20% de este capital.

ACTIVO	NETO + PASIVO
Activo no corriente: bienes que permanecerán en la empresa más de 1 año	Patrimonio Neto: fondos propios, reservas, subvenciones, etc.
Activo corriente: bienes que permanecerán menos de 1 año (existencias, derechos de cobro, dinero, etc.).	Pasivo no corriente: deudas a más de 1 año Pasivo corriente: deudas a menos de 1 año
Criterio de liquidez: de menor a mayor liquidez	Criterio de exigibilidad: de menor a mayor exigibilidad

El balance tiene que cuadrar: ACTIVO = NETO + PASIVO

CUENTA DE PÉRDIDAS Y GANACIAS

La estructura de una Cuenta de Pérdidas y Ganancias es la siguiente:

Ingresos de explotación (venta de productos, por ejemplo, zapatos; reparación de zapatos, etc.) Si hubiera ingresos extraordinarios se incluyen o se suman a los ingresos de explotación (por ejemplo, venta de un local o de un trastero que no vaya a utilizar la empresa y decide venderlo).

- Gastos de explotación (gastos necesarios para la obtención de ingresos: luz, agua, personal (nóminas), alquileres (maquinaria, local, ec.), servicios externos (fontaneros, abogados, etc.). Si hubiera gastos extraordinarios se incluyen o se suman a los gastos de explotación (por ejemplo, se le inunda un trastero a la empresa).

Resultado de explotación

Ingresos financieros (los intereses que la empresa cobra al prestar dinero).

- Gastos financieros (cuando la empresa paga intereses al crédito que le ha concedido el banco).

Resultado financiero

Resultado antes de impuestos (Resultado de explotación + resultado financiero)

- Impuesto sobre Sociedades (25% con carácter general)

Resultado del ejercicio

Por último, hay que señalar que existen siete Grupos Contables que aparecen recogidos en el denominado Cuadro de Cuentas, es decir, es el documento en el que se reflejan todas las cuentas que recogen todas las partidas que pueden suceder en la empresa:

➢ Grupo 1. Financiación básica (base financiera de la empresa). Obligaciones a largo plazo: pasivo no corriente y capital social. Es la financiación que la empresa necesita más a largo plazo, es decir, toda la financiación que necesita y la va a emplear a largo plazo.

➢ Grupo 2. Activo no corriente (activo fijo). Activos a largo plazo. Bienes y derechos que permanecen en la empresa más de un año. Ejemplo: camión para la empresa y lo ha comprado para el reparto. Otros ejemplos: una nave, un local, el mobiliario, los equipos informáticos, el derecho de traspaso. Por tanto, todo lo que tiene la empresa, pero no para venderlo.

➢ Grupo 3. Existencias. Incluyen todos los bienes relacionados con el almacén. Activo corriente a menos de 1 año. Las mercancías que la empresa compra para vender. Por ejemplo, la empresa compra ordenadores para vender. También se incluyen mercancías que la empresa tiene expuestas, pero que no son para vender.

➢ Grupo 4. Acreedores y Deudores por operaciones de tráfico. Los acreedores (la empresa debe dinero) son pasivo corriente a menos de 1 año. Los deudores (deben dinero a la empresa) son activo corriente a menos de 1 año. Los clientes/deudores deben dinero a la empresa. Por otro lado, están los proveedores/acreedores.

➢ Grupo 5. Cuentas financieras: Caja y Bancos. Son activos y pasivos corrientes. Por ejemplo, las deudas a corto y medio plazo con bancos, intereses y bonos entre otros.

➢ Grupo 6. Gastos y compras. Todos los gastos de la empresa. Por ejemplo, gastos de luz, personal (nóminas), papelería, etc.

➢ Grupo 7. Ingresos y ventas. Todos los ingresos de la empresa tanto de explotación (venta de productos) como financieros (los intereses que la empresa cobra al prestar dinero).

Los ingresos y los gastos se producen cuando se genera el movimiento de la actividad de la empresa independientemente de cuando se mueva el dinero. Los cobros y los pagos se producen cuando hay movimiento de dinero. Cuando cobra la empresa se produce un incremento en su caja y banco, y cuando paga disminuye su caja y banco. Caja y banco aparecen en el Balance (activo corriente).

Las Cuentas del grupo 1 a 5 forman el Balance de Situaciones, y las Cuenta de Pérdidas y Ganancias la forman las cuentas del grupo 6 y 7.

2. NORMATIVA DEL IS

Ley 27/2014, de 27 de noviembre, del Impuesto sobre Sociedades (LIS).

Real Decreto 634/2015, de 10 de julio, por el que se aprueba el Reglamento del Impuesto sobre Sociedades (RIS).

3. CARACTERÍSTICAS

El art. 1 de la LIS dice «el Impuesto sobre Sociedades es un tributo de carácter directo y naturaleza personal que grava la renta de las sociedades y demás entidades jurídicas». Por tanto, es un impuesto personal y directo que grava los beneficios obtenidos por las sociedades residentes en España.

También hay que subrayar que es un impuesto subjetivo y periódico. Asimismo, es un impuesto proporcional ya que los incrementos de la base imponible implican incrementos proporcionales en la cuota.

4. ESQUEMA DE LIQUIDACIÓN

Resultado contable = Ingresos - Gastos

(+/-) Ajustes extracontables

- Diferencias permanentes

- Diferencias temporales[21]

= Base imponible previa

(-) Reducciones en Base imponible previa

(-) Compensación bases imponibles negativas de ejercicios anteriores

(- o +) Reserva de nivelación

x Tipo de Gravamen (25% con carácter general)

= Cuota íntegra

- Deducciones por doble imposición
- Bonificaciones

= Cuota íntegra ajustada positiva

- Deducciones por inversiones, por creación de empleo y por contribuciones a sistemas de previsión social empresarial

= Cuota líquida

- Retenciones e ingresos a cuenta

= Cuota del ejercicio a ingresar o devolver

(-) Pagos fraccionados

= Cuota diferencial

(+) Incremento por pérdida de beneficios fiscales de ejercicios anteriores

(+) Intereses de demora

(+) Abono de deducciones por insuficiencia de cuota

= Líquido a ingresar o a devolver

---

[21] Provienen de la diferente valoración contable y fiscal de un activo, pasivo o instrumento de patrimonio propio, en la medida en que tengan incidencia en la carga fiscal futura.

5. TERRITORIO DE APLICACIÓN DEL IMPUESTO

A tenor del art. 2.1 de la LIS:

> *El Impuesto sobre Sociedades se aplicará en todo el territorio español que comprende también aquellas zonas adyacentes a las aguas territoriales sobre las que España pueda ejercer los derechos que le correspondan, referentes al suelo y subsuelo marino, aguas suprayacentes, y a sus recursos naturales, de acuerdo con la legislación española y el derecho internacional.*

En los territorios de la Comunidad Autónoma del País Vasco y Navarra hay que tener en cuenta los regímenes tributarios forales de concierto y convenio económico.

Según el art. 8.1 de la LIS: Se considerarán residentes en territorio español las entidades en las que concurra alguno de los siguientes requisitos:

a) Que se hubieran constituido conforme a las leyes españolas.
b) Que tengan su domicilio social en territorio español.
c) Que tengan su sede de dirección efectiva de su negocio en territorio español.

6. HECHO IMPONIBLE

El art. 4 de la LIS dice:

> *Constituirá el hecho imponible la obtención de renta por el contribuyente, cualquiera que fuese su fuente u origen.*

> *En el régimen especial de agrupaciones de interés económico, españolas y europeas, y de uniones temporales de empresas, se entenderá por obtención de renta la imputación al contribuyente de las bases imponibles, gastos o demás partidas, de las entidades sometidas a dicho régimen.*

> *En el régimen de transparencia fiscal internacional se entenderá por obtención de renta la imputación en la base imponible de las rentas positivas obtenidas por la entidad no residente.*

Por tanto, el hecho imponible en el IS es la obtención de renta, cualquiera que sea su fuente, por el sujeto pasivo.

7. SUJETO PASIVO

A tenor del art. 7 de la LIS...

Serán contribuyentes del Impuesto, cuando tengan su residencia en territorio español:

a) *Las personas jurídicas, excluidas las sociedades civiles que no tengan objeto mercantil.*

b) *Las sociedades agrarias de transformación.*

c) *Los fondos de inversión.*

d) *Las uniones temporales de empresas.*

e) *Los fondos de capital-riesgo, y los fondos de inversión colectiva de tipo cerrado, y las sociedades gestoras de entidades de inversión colectiva de tipo cerrado.*

f) *Los fondos de pensiones.*

g) *Los fondos de regulación del mercado hipotecario.*

h) *Los fondos de titulización.*

i) *Los fondos de garantía de inversiones.*

j) *Las comunidades titulares de montes vecinales en mano común.*

k) *Los fondos de activos bancarios.*

Los contribuyentes serán gravados por la totalidad de la renta que obtengan, con independencia del lugar donde se hubiere producido y cualquiera que sea la residencia del pagador.

Los contribuyentes de este Impuesto se designarán abreviada e indistintamente por las denominaciones sociedades o entidades a lo largo de esta Ley.

8. EXENCIONES

Existen los siguientes tipos de exenciones: Subjetivas y Objetivas.

SUBJETIVAS

Las exenciones subjetivas se dividen en totales o parciales.

EXENCIONES SUBJETIVAS TOTALES

Según el art. 9.1 de la LIS:

> *Estarán totalmente exentos del Impuesto:*
>
> a) *El Estado, las Comunidades Autónomas y las entidades locales.*
> b) *Los organismos autónomos del Estado y entidades de derecho público de análogo carácter de las Comunidades Autónomas y de las entidades locales.*
> c) *El Banco de España, el Fondo de Garantía de Depósitos de Entidades de Crédito y los Fondos de garantía de inversiones.*
> d) *Las Entidades Gestoras y Servicios Comunes de la Seguridad Social.*
> e) *El Instituto de España y las Reales Academias oficiales integradas en aquél y las instituciones de las Comunidades Autónomas con lengua oficial propia que tengan fines análogos a los de la Real Academia Española.*
> f) *El resto de los organismos públicos, así como las entidades de derecho público de análogo carácter de las Comunidades Autónomas y de las entidades locales.*
> g) *Las Agencias Estatales, así como aquellos Organismos públicos que estuvieran totalmente exentos de este Impuesto y se transformen en Agencias estatales.*
> h) *El Consejo Internacional de Supervisión Pública en estándares de auditoría, ética profesional y materias relacionadas.*

EXENCIONES SUJETIVAS PARCIALES

A tenor del art. 9.2 de la LIS «estarán parcialmente exentas del Impuesto, en los términos previstos en el título II de la Ley 49/2002, de 23 de diciembre, de régimen fiscal de las entidades sin fines lucrativos y de los incentivos fiscales al mecenazgo, las entidades e instituciones sin ánimo de lucro a las que sea de aplicación dicho título».

En el art. 9.3 de la LIS se contempla:

Estarán parcialmente exentos del Impuesto en los términos previstos en el capítulo XIV del título VII de la LIS:

a) *Las entidades e instituciones sin ánimo de lucro no incluidas en el apartado anterior.*
b) *Las uniones, federaciones y confederaciones de cooperativas.*
c) *Los colegios profesionales, las asociaciones empresariales, las cámaras oficiales y los sindicatos de trabajadores.*
d) *Los fondos de promoción de empleo.*
e) *Las Mutuas Colaboradoras de la Seguridad Social.*
f) *Las entidades de derecho público Puertos del Estado y las respectivas de las comunidades autónomas.*

En el art. 9.4 de la LIS se incluyen como parcialmente exentos del Impuesto «los partidos políticos, en los términos establecidos en la Ley Orgánica 8/2007, de 4 de julio, sobre financiación de los partidos políticos».

EXENCIONES OBJETIVAS

Están exentos los dividendos y rentas derivadas de la transmisión de valores representativos de los fondos propios de entidades residentes y no residentes en territorio español (art. 21 LIS).

También están exentas las rentas obtenidas en el extranjero a través de un establecimiento permanente (art. 22 LIS).

9. BASE IMPONIBLE: MÉTODOS DE DETERMINACIÓN

Según el art. 10.1 de la LIS: «La base imponible estará constituida por el importe de la renta obtenida en el periodo impositivo minorada por la compensación de bases imponibles negativas de periodo impositivos anteriores».

Asimismo, art. 10.2 LIS: «La base imponible se determinará por el método de estimación directa, por el de estimación objetiva cuando esta Ley determine su aplicación y, subsidiariamente, por el de estimación indirecta, de conformidad con lo dispuesto en la Ley 58/2003, de 17 de diciembre, General Tributaria».

Por consiguiente, los métodos de determinación de la base imponible del ISO son:

a) Estimación directa.
b) Estimación objetiva.
c) Estimación indirecta.

Estimación directa.

En este método, la base imponible se calculará, corrigiendo, mediante la aplicación de los preceptos establecidos en esta Ley, el resultado contable determinado de acuerdo con las normas previstas en el Código de Comercio, en las demás leyes relativas a dicha determinación y en las disposiciones que se dicten en desarrollo de las citadas normas (art. 10.3 LIS).

En el método de estimación objetiva la base imponible se podrá determinar total o parcialmente mediante la aplicación de los signos, índices o módulos a los sectores de actividad que determine esta ley (art. 10.4 LIS).

Por consiguiente, en el método de estimación directa la base imponible se calcula a través del resultado contable, esto es, ingresos y gastos que constan en los registros contables. Asimismo, los ingresos y gastos se tienen que computar por sus valores contables. De aquí surge el resultado contable que no se acepta de forma definitiva por el Impuesto sobre Sociedades. Por tanto, se pueden producir desajustes que se han de corregir cuando se determine el resultado fiscal.

Los tipos de ajustes se clasifican del siguiente modo:

• Ajustes positivos: ajustan al alza el beneficio contable.
• Ajustes negativos: ajustan a la baja el beneficio contable.
• Ajustes temporales: implican ajustes de signo contrario en otro periodo impositivo.

- Ajustes permanentes: diferencias permanentes entre contabilidad y fiscalidad, que no van a revertir en un momento posterior.

En relación a la imputación temporal (inscripción contable de ingresos y gastos), el art. 11 de la LIS señala lo siguiente:

1. Los ingresos y gastos derivados de las transacciones o hechos económicos se imputarán al periodo impositivo en que se produzca su devengo, con arreglo a la normativa contable, con independencia de la fecha de su pago o de su cobro, respetando la debida correlación entre unos y otros.

2. La eficacia fiscal de los criterios de imputación temporal de ingresos y gastos, distintos de los previstos en el apartado anterior, utilizados excepcionalmente por el contribuyente para conseguir la imagen fiel del patrimonio, de la situación financiera y de los resultados, de acuerdo con lo previsto en los artículos 34.4 y 38.i) del Código de Comercio, estará supeditada a la aprobación por la Administración tributaria, en la forma que reglamentariamente se determine.

3. 1.º No serán fiscalmente deducibles los gastos que no se hayan imputado contablemente en la cuenta de pérdidas y ganancias o en una cuenta de reservas si así lo establece una norma legal o reglamentaria, a excepción de lo previsto en esta Ley respecto de los elementos patrimoniales que puedan amortizarse libremente o de forma acelerada.

   Los ingresos y los gastos imputados contablemente en la cuenta de pérdidas y ganancias, o en una cuenta de reservas en un periodo impositivo distinto de aquel en el que proceda su imputación temporal, según lo previsto en los apartados anteriores, se imputarán en el periodo impositivo que corresponda de acuerdo con lo establecido en dichos apartados. No obstante, tratándose de gastos imputados contablemente en dichas cuentas en un periodo impositivo posterior a aquel en el que proceda su imputación temporal o de ingresos imputados en las mismas en un periodo impositivo anterior, la imputación temporal de unos y otros se efectuará en el periodo impositivo en el que se haya realizado la imputación contable, siempre que de ello no se derive una tributación inferior a la que hubiere correspondido por aplicación de las normas de imputación temporal prevista en los apartados anteriores.

2.º Los cargos o abonos a partidas de reservas, registrados como consecuencia de cambios de criterios contables, se integrarán en la base imponible del periodo impositivo en que los mismos se realicen.

4. En el caso de operaciones a plazos o con precio aplazado, las rentas se entenderán obtenidas proporcionalmente a medida que sean exigibles los correspondientes cobros, excepto que la entidad decida aplicar el criterio del devengo.

   Se considerarán operaciones a plazos o con precio aplazado, aquellas cuya contraprestación sea exigible, total o parcialmente, mediante pagos sucesivos o mediante un solo pago, siempre que el periodo transcurrido entre el devengo y el vencimiento del último o único plazo sea superior al año. En caso de producirse el endoso, descuento o cobro anticipado de los importes aplazados, se entenderá obtenida, en dicho momento, la renta pendiente de imputación.

5. No se integrará en la base imponible la reversión de gastos que no hayan sido fiscalmente deducibles.

6. La reversión de un deterioro o corrección de valor que haya sido fiscalmente deducible se imputará en la base imponible del periodo impositivo en el que se haya producido dicha reversión, sea en la entidad que practicó la corrección o en otra vinculada con ella. La misma regla se aplicará en el supuesto de pérdidas derivadas de la transmisión de elementos patrimoniales que hubieren sido nuevamente adquiridos.

Por último, se van a analizar las correcciones de valor vía Amortizaciones. El art. 12.1 de la LIS señala: «Serán deducibles las cantidades que, en concepto de amortización del inmovilizado material, intangible y de las inversiones inmobiliarias, correspondan a la depreciación efectiva que sufran los distintos elementos por funcionamiento, uso, disfrute u obsolescencia».

AMORTIZACIÓN LINEAL A TENOR DE TABLA OFICIAL

Resultado de aplicar los coeficientes de amortización lineal establecidos en la tabla (la contempla la LIS).

Reglamentariamente se podrán modificar los coeficientes y periodos previstos en esta letra o establecer coeficientes y periodos adicionales.

AMORTIZACIÓN SEGÚN PORCENTAJE CONSTANTE

Resultado de aplicar un porcentaje constante sobre el valor pendiente de amortización.

El porcentaje constante se determinará ponderando el coeficiente de amortización lineal obtenido a partir del periodo de amortización según tablas de amortización oficialmente aprobadas, por los siguientes coeficientes:

1. 1,5%, si el elemento tiene un periodo de amortización inferior a cinco años.
2. 2%, si el elemento tiene un periodo de amortización igual o superior a cinco años e inferior a ocho años.
3. 2,5%, si el elemento tiene un periodo de amortización igual o superior a ocho años.

El porcentaje constante no podrá ser inferior al 11%. No aplicable a edificios, mobiliario y enseres.

AMORTIZACIÓN NÚMEROS DÍGITOS

Resultado de aplicar el método de los números dígitos.

La suma de dígitos se determinará en función del periodo de amortización establecido en las tablas de amortización oficialmente aprobadas. No aplicable a edificios, mobiliario y enseres.

PLAN DE AMORTIZACIÓN FORMULADO POR EL CONTRIBUYENTE

Plan formulado por el sujeto pasivo y aceptado por la Administración tributaria.

LIBERTAD DE AMORTIZACIÓN

a) Elementos del inmovilizado material e inversiones inmobiliarias de las S.A. Laborales y S.L. Laborales en cinco primeros años.

b) Elementos patrimoniales afectos a proyectos de Investigación y Desarrollo (salvo edificios en 10 años).

c) Inmovilizado de las explotaciones asociativas prioritarias de carácter agrario en cinco primeros años.

REDUCCIONES EN LA BASE IMPONIBLE

El art. 23.1 de la LIS contiene la reducción de las rentas procedentes de determinados activos intangibles:

Las rentas positivas procedentes de la cesión del derecho de uso o de explotación de patentes, modelos de utilidad, certificados complementarios de protección de medicamentos y de productos fitosanitarios, dibujos y modelos legalmente protegidos, que deriven de actividades de investigación y desarrollo e innovación tecnológica, y software avanzado registrado que derive de actividades de investigación y desarrollo, tendrán derecho a una reducción en la base imponible en el porcentaje que resulte de multiplicar por un 60% el resultado del siguiente coeficiente:

a) En el numerador, los gastos incurridos por la entidad cedente directamente relacionados con la creación del activo, incluidos los derivados de la subcontratación con terceros no vinculados con aquella. Estos gastos se incrementarán en un 30%, sin que, en ningún caso, el numerador pueda superar el importe del denominador.

b) En el denominador, los gastos incurridos por la entidad cedente directamente relacionados con la creación del activo, incluidos los derivados de la subcontratación tanto con terceros no vinculados con aquella como con personas o entidades vinculadas con aquella y de la adquisición del título.

En ningún caso se incluirán en el coeficiente anterior gastos financieros, amortizaciones de inmuebles u otros gastos no relacionados con la creación del activo.

La reducción prevista en este apartado también resultará de aplicación a las rentas positivas procedentes de la transmisión de los activos intangibles referidos en el mismo, cuando dicha transmisión se realice entre entidades que no tengan la condición de vinculadas.

A efectos de determinar el régimen de protección legal de los activos intangibles a que se refiere el párrafo primero de este apartado, se estará a lo dispuesto en la normativa española, de la Unión Europea e internacional en materia de propiedad industrial e intelectual que resulte aplicable en territorio español.

Del mismo modo, el art. 23.2 de la LIS señala:

A efectos de aplicar esta reducción, tendrán la consideración de rentas positivas susceptibles de reducción, los ingresos procedentes de la cesión del derecho de uso o de explotación de los activos y las rentas positivas procedentes de su transmisión, que superen la suma de los gastos incurridos por la entidad directamente relacionados con la creación de los activos que no hubieran sido incorporados al valor de los activos, de las cantidades deducidas por aplicación del art. 12.2 de esta Ley en relación con los activos, y de aquellos gastos directamente relacionados con los activos, que se hubieran integrado en la base imponible.

En caso de que en un periodo impositivo se obtengan rentas negativas y en periodos impositivos anteriores la entidad hubiera obtenido rentas positivas a las que hubiera aplicado la reducción prevista en este artículo, la renta negativa de ese periodo impositivo se reducirá en el porcentaje que resulte de la aplicación del apartado 1.

Lo dispuesto en el párrafo anterior se aplicará en tanto las rentas negativas no superen el importe de las rentas positivas integradas en periodos impositivos anteriores aplicando la reducción prevista en este artículo. El exceso se integrará en su totalidad en la base imponible y, en tal caso, las rentas positivas obtenidas en un periodo impositivo posterior se integrarán en su totalidad hasta dicho importe, pudiendo aplicar al exceso el porcentaje que resulte de la aplicación del apartado 1.

COMPENSACIÓN DE BASES IMPONIBLES NEGATIVAS

Tradicionalmente se conoce como «compensación de pérdidas». Esto significa el derecho que tienen los sujetos pasivos del Impuesto de Sociedades a compensar la renta positiva o base imponible positiva obtenida en el ejercicio con las bases imponibles negativas de ejercicios anteriores.

El art. 26.1 de la LIS dice:

Las bases imponibles negativas que hayan sido objeto de liquidación o autoliquidación podrán ser compensadas con las rentas positivas de los periodos impositivos siguientes con el límite del 70% de la base imponible previa a la aplicación de la reserva de capitalización[22] establecida en el artículo 25 de esta Ley y a su compensación.

En todo caso, se podrán compensar en el periodo impositivo bases imponibles negativas hasta el importe de 1 millón de euros.

La limitación a la compensación de bases imponibles negativas no resultará de aplicación en el importe de las rentas correspondientes a quitas o esperas consecuencia de un acuerdo con los acreedores del contribuyente. Las bases imponibles negativas que sean objeto de compensación con dichas rentas no se tendrán en consideración respecto del importe de 1 millón de euros a que se refiere el párrafo anterior.

El límite previsto en este apartado no se aplicará en el periodo impositivo en que se produzca la extinción de la entidad, salvo que la misma sea consecuencia de una operación de reestructuración a la que resulte de aplicación el régimen fiscal especial establecido en el Capítulo VII del Título VII de esta Ley.

Asimismo, el art. 26.2 de la LIS señala:

Si el periodo impositivo tuviera una duración inferior al año, las bases imponibles negativas que podrán ser objeto de compensación en el periodo impositivo, en los términos establecidos en el segundo párrafo del apartado anterior, serán el resultado de multiplicar 1 millón de euros por la proporción existente entre la duración del periodo impositivo respecto del año.

Por último, el art. 26.3 manifiesta que «el límite establecido en el primer párrafo del apartado 1 de este artículo no resultará de aplicación en el caso de

---

[22] La reserva de capitalización es un mecanismo fiscal que busca incentivar la autofinanciación de las empresas y fortalecer sus fondos propios.

entidades de nueva creación a que se refiere el artículo 29.1 de esta Ley, en los tres primeros periodos impositivos en que se genere una base imponible positiva previa a su compensación».

RESERVA DE NIVELACIÓN

La reserva de nivelación se recoge en el art. 105 de la LIS en relación a empresas de reducida dimensión o pymes y se aplica únicamente a empresas con cifra de negocio inferior a 10 millones de euros en el periodo impositivo inmediato anterior. Del mismo modo, se trata de una reserva indisponible que permite reducir la base imponible hasta en un 10% de su importe con el límite de 1.000.000 de euros. Para ello, será necesario dotar una reserva por el importe de la minoración, con cargo a los beneficios del ejercicio en que se practique la reducción o, si no existiesen beneficios del ejercicio, con cargo a los primeros beneficios de los ejercicios siguientes. La minoración así practicada revertirá en los 5 ejercicios siguientes, de forma que el importe reducido se compensará con las bases imponibles negativas de los cinco ejercicios siguientes al de la minoración. De no generarse bases imponibles negativas, el importe de la minoración practicada se adicionará a la base imponible del quinto año. Por consiguiente, esta reserva de nivelación conlleva anticipar la compensación de bases negativas y, en caso de que estas no se generen, supone un diferimiento en la tributación.

10. PERIODO IMPOSITIVO

A tenor del art. 27 de la LIS: «El periodo impositivo coincidirá con el ejercicio económico de la entidad (art. 27.1 LIS). Asimismo, el periodo impositivo no excederá de 12 meses (art. 27.3 LIS)».

En el art. 27.2 de la LIS:

En todo caso concluirá el periodo impositivo:

   a) *Cuando la entidad se extinga.*
   b) *Cuando tenga lugar un cambio de residencia de la entidad residente en territorio español al extranjero.*

c) *Cuando se produzca la transformación de la forma jurídica de la entidad y ello determine la no sujeción a este Impuesto de la entidad resultante.*

d) *Cuando se produzca la transformación de la forma societaria de la entidad, o la modificación de su estatuto o de su régimen jurídico, y ello determine la modificación de su tipo de gravamen o la aplicación de un régimen tributario distinto.*

11. DEVENGO

El impuesto se devengará el último día del periodo impositivo (art. 28 LIS).

12. CUOTA ÍNTEGRA

La cuota íntegra es la cantidad que resulta de aplicar a la base imponible el tipo de gravamen (art. 30.1 LIS).

Según el art. 30.2 de la LIS: «Sobre la cuota íntegra se aplicarán las bonificaciones y deducciones que procedan previstas en la normativa del Impuesto dando lugar a la cuota líquida del mismo que, en ningún caso, podrá ser negativa».

A continuación, se va a proceder al análisis del tipo de gravamen del IS, y posteriormente a las deducciones y bonificaciones.

TIPO DE GRAVAMEN

El tipo de gravamen se recoge en el art. 29 de la LIS. Asimismo, el art. 29.1 señala:

El tipo general de gravamen para los contribuyentes de este Impuesto será el 25%, excepto para las entidades cuyo importe neto de la cifra de negocios del periodo impositivo inmediato anterior sea inferior a 1 millón de euros que será el 23%.

No obstante, las entidades de nueva creación que realicen actividades económicas tributarán, en el primer periodo impositivo en que la base imponible resulte positiva y en el siguiente, al tipo del 15%, excepto si, de acuerdo con lo previsto en este artículo, deban tributar a un tipo inferior.

A estos efectos, no se entenderá iniciada una actividad económica:

a) *Cuando la actividad económica hubiera sido realizada con carácter previo por otras personas o entidades vinculadas en el sentido del artículo 18 de esta Ley y transmitida, por cualquier título jurídico, a la entidad de nueva creación.*

b) *Cuando la actividad económica hubiera sido ejercida, durante el año anterior a la constitución de la entidad, por una persona física que ostente una participación, directa o indirecta, en el capital o en los fondos propios de la entidad de nueva creación superior al 50%.*

No tendrán la consideración de entidades de nueva creación aquellas que formen parte de un grupo en los términos establecidos en el artículo 42 del Código de Comercio, con independencia de la residencia y de la obligación de formular cuentas anuales consolidadas.

Los tipos de gravamen del 23% y del 15% previstos en este apartado no resultarán de aplicación a aquellas entidades que tengan la consideración de entidad patrimonial, en los términos establecidos en el apartado 2 del artículo 5 de esta Ley.

El art. 29.2 de la LIS señala:

Tributarán al 20% las sociedades cooperativas fiscalmente protegidas, excepto por lo que se refiere a los resultados extracooperativos, que tributarán al tipo general.

Las cooperativas de crédito y cajas rurales tributarán al tipo general, excepto por lo que se refiere a los resultados extracooperativos, que tributarán al tipo del 30%.

Asimismo, el art. 29.3 dice: «Tributarán al 10% las entidades a las que sea de aplicación el régimen fiscal establecido en la Ley 49/2002, de 23 de diciembre, de régimen fiscal de las entidades sin fines lucrativos y de los incentivos fiscales al mecenazgo».

Del mismo modo, el art. 29.4 señala:

Tributarán al tipo del 1%:

a) Las sociedades de inversión de capital variable reguladas por la Ley 35/2003, de 4 de noviembre, de Instituciones de Inversión Colectiva, siempre que el número de accionistas requerido sea, como mínimo, el previsto en su artículo 9.4.

A los efectos de la aplicación del tipo de gravamen establecido en este apartado, para determinar el número mínimo de accionistas a que se refiere el párrafo anterior se seguirán las siguientes reglas:

1. Se computarán exclusivamente aquellos accionistas que sean titulares de acciones por importe igual o superior a 2.500 euros determinado de acuerdo con el valor liquidativo correspondiente a la fecha de adquisición de las acciones.

   Además, tratándose de sociedades de inversión de capital variable por compartimentos, a efectos de determinar el número mínimo de accionistas de cada compartimento se computarán exclusivamente aquellos accionistas que sean titulares de acciones por importe igual o superior a 12.500 euros, determinado conforme a lo previsto en el párrafo anterior.

2. El número mínimo de accionistas determinado conforme a lo previsto en el número 1 anterior deberá concurrir durante el número de días que represente al menos las tres cuartas partes del periodo impositivo.

Lo previsto en los cuatro párrafos anteriores no se aplicará a las sociedades de inversión libre ni a las sociedades cuyos accionistas sean exclusivamente otras instituciones de inversión colectiva, a que se refiere el apartado 5 del artículo 6 del Reglamento de desarrollo de la Ley 35/2003, de 4 de noviembre, de instituciones de inversión colectiva, aprobado por el Real Decreto 1082/2012, de 13 de julio, ni a las sociedades de inversión de capital variable índice cotizadas a que se refiere el artículo 79 de dicho Reglamento.

El cumplimiento de las reglas establecidas en los párrafos anteriores para determinar el número mínimo de accionistas podrá ser comprobado por la Administración Tributaria, a cuyo efecto la sociedad de inversión deberá mantener y conservar durante el periodo de prescripción los datos correspondientes a la inversión de los socios en la sociedad.

b) Los fondos de inversión de carácter financiero previstos en la citada Ley, siempre que el número de partícipes requerido sea, como mínimo, el previsto en su artículo 5.4.

c) Las sociedades de inversión inmobiliaria y los fondos de inversión inmobiliaria regulados en la citada Ley, distintos de los previstos en la letra d) siguiente, siempre que el número de accionistas o partícipes requerido sea, como mínimo, el previsto en los artículos 5.4 y 9.4 de dicha Ley y que, con el carácter de instituciones de inversión colectiva no financieras, tengan por objeto exclusivo la inversión en cualquier tipo de inmueble de naturaleza urbana para su arrendamiento.

La aplicación de los tipos de gravamen previstos en este apartado requerirá que los bienes inmuebles que integren el activo de las Instituciones de Inversión Colectiva a que se refiere el párrafo anterior no se enajenen hasta que no hayan transcurrido al menos 3 años desde su adquisición, salvo que, con carácter excepcional, medie la autorización expresa de la Comisión Nacional del Mercado de Valores.

La transmisión de dichos inmuebles antes del transcurso del periodo mínimo a que se refiere esta letra c) determinará que la renta derivada de dicha transmisión tributará al tipo general de gravamen del Impuesto. Además, la entidad estará obligada a ingresar, junto con la cuota del periodo impositivo correspondiente al periodo en el que se transmitió el bien, los importes resultantes de aplicar a las rentas correspondientes al inmueble en cada uno de los periodos impositivos anteriores en los que hubiera resultado de aplicación el régimen previsto en esta letra c), la diferencia entre el tipo general de gravamen vigente en cada periodo y el tipo del 1%, sin perjuicio de los intereses de demora, recargos y sanciones que, en su caso, resulten procedentes.

d) Las sociedades de inversión inmobiliaria y los fondos de inversión inmobiliaria regulados en la Ley de Instituciones de Inversión Colectiva que, además de reunir los requisitos previstos en la letra c), desarrollen la actividad de promoción exclusivamente de viviendas para destinarlas a su arrendamiento y cumplan con las siguientes condiciones:

1. Las inversiones en bienes inmuebles afectas a la actividad de promoción inmobiliaria no podrán superar el 20% del total del activo de la sociedad o fondo de inversión inmobiliaria.

2. La actividad de promoción inmobiliaria y la de arrendamiento deberán ser objeto de contabilización separada para cada inmueble adquirido o promovido, con el desglose que resulte necesario para conocer la renta correspondiente a cada vivienda, local o finca registral independiente en que éstos se dividan, sin perjuicio del cómputo de las inversiones en el total del activo a efectos del porcentaje previsto en la letra c).

3. Los inmuebles derivados de la actividad de promoción deberán permanecer arrendados u ofrecidos en arrendamiento por la sociedad o fondo de inversión inmobiliaria durante un periodo mínimo de siete años. Este plazo se computará desde la fecha de terminación de la construcción. A estos efectos, la terminación de la construcción del inmueble se acreditará mediante el certificado final de obra a que se refiere el artículo 6 de la Ley 38/1999, de 5 de noviembre, de Ordenación de la Edificación.

   Las sociedades de inversión inmobiliaria o los fondos de inversión inmobiliaria que desarrollen la actividad de promoción de viviendas para su arrendamiento estarán obligadas a comunicar dicha circunstancia a la Administración tributaria en el periodo impositivo en que se inicie la citada actividad.

e) El fondo de regulación del mercado hipotecario, establecido en el artículo veinticinco de la Ley 2/1981, de 25 de marzo, de regulación del mercado hipotecario.

Asimismo, el art. 29.5 de la LIS dice: «Tributarán al tipo del 0% los fondos de pensiones regulados en el texto refundido de la Ley de Regulación de los Planes y Fondos de Pensiones, aprobado por el Real Decreto Legislativo 1/2002, de 29 de noviembre».

De igual modo, el art. 29.6 de la LIS señala:

Tributarán al tipo del 30% las entidades de crédito, así como las entidades que se dediquen a la exploración, investigación y explotación de yacimientos y almacenamientos subterráneos de hidrocarburos en los términos establecidos en la Ley 34/1998, de 7 de octubre, del sector de hidrocarburos. Las actividades relativas al refino y cualesquiera otras distintas de las de exploración, investigación, explotación, transporte, almacenamiento, depuración y venta de hidrocarburos extraídos, o de la actividad de almacenamiento subterráneo de hidrocarburos propiedad de terceros, quedarán sometidas al tipo general de gravamen.
A las entidades que desarrollen exclusivamente la actividad de almacenamiento de hidrocarburos propiedad de terceros no les resultará aplicable el régimen especial establecido en el Capítulo IX del Título VII de esta Ley y tributarán al tipo del 25%.

Por último, el art. 29.7 de la LIS dice:

Tributarán al tipo de gravamen especial que resulte de lo establecido en el artículo 43 de la Ley 19/1994, de 6 de julio, de modificación del Régimen Económico y Fiscal de Canarias, las entidades de la Zona Especial Canaria, por la parte de base imponible correspondiente a las operaciones realizadas efectiva y materialmente en el ámbito geográfico de la Zona Especial Canaria.

DEDUCCIONES

El Capítulo II del Título VI de la LIS contiene las Deducciones para evitar la doble imposición internacional.

Con estas deducciones se persigue atenuar la doble imposición sobre la renta obtenida por el mismo sujeto pasivo, en dos o más Estados y por idéntico periodo impositivo.

Existen dos principios:

1. Según el principio de la fuente o principio de territorialidad u origen de la renta, consiste en someter a gravamen tanto a los residentes como a los no residentes de un país, siempre que obtengan rentas de fuentes localizadas en un país.

2. Según el principio de residencia se tributa por toda la renta mundial de un residente en un país determinado, con independencia de las diversas fuentes de las que proceda la misma.

Si se aplican simultáneamente los dos principios se dará la doble imposición, y puede evitarse a través de medidas unilaterales en donde cada Estado introduce en su legislación una serie de medidas por las que autolimita su capacidad tributaria o bien a través de los denominados Convenios de doble imposición.

Por consiguiente, se trata de que una entidad residente en España sujeta por obligación personal participa en los beneficios obtenidos en el extranjero de otra entidad residente en el extranjero. De ahí que una misma renta sea gravada dos veces, primero por el impuesto extranjero y con posterioridad por el Impuesto sobre Sociedades de España.

El art. 31 de la LIS contiene la deducción para evitar la doble imposición jurídica: impuesto soportado por el contribuyente.

El art. 31.1 de la LIS manifiesta:

> *Cuando en la base imponible del contribuyente se integren rentas positivas obtenidas y gravadas en el extranjero, se deducirá de la cuota íntegra la menor de las dos cantidades siguientes:*
>
> a) *El importe efectivo de lo satisfecho en el extranjero por razón del gravamen de naturaleza idéntica o análoga a este Impuesto.*
>   *No se deducirán los impuestos no pagados en virtud de exención, bonificación o cualquier otro beneficio fiscal.*
>   *Siendo de aplicación un convenio para evitar la doble imposición, la deducción no podrá exceder del impuesto que corresponda según aquél.*
> b) *El importe de la cuota íntegra que en España correspondería pagar por las mencionadas rentas si se hubieran obtenido en territorio español.*

Según el art. 31.2 de la LIS:

> *El importe del impuesto satisfecho en el extranjero se incluirá en la renta a los efectos previstos en el apartado anterior e, igualmente,*

formará parte de la base imponible, aun cuando no fuese plenamente deducible.

Tendrá la consideración de gasto deducible aquella parte del importe del impuesto satisfecho en el extranjero que no sea objeto de deducción en la cuota íntegra por aplicación de lo señalado en el apartado anterior, siempre que se corresponda con la realización de actividades económicas en el extranjero.

Por último, el art. 31.3 de la LIS señala: «Cuando el contribuyente haya obtenido en el periodo impositivo varias rentas del extranjero, la deducción se realizará agrupando las procedentes de un mismo país salvo las rentas de establecimientos permanentes, que se computarán aisladamente por cada uno de estos».

Por otra parte, está la denominada deducción para evitar la doble imposición económica internacional: dividendos y participaciones en beneficios (art. 32 LIS).

Con esta deducción se trata de evitar la doble imposición económica internacional que se da cuando una sociedad matriz residente en España percibe dividendos o participaciones en beneficios de sus filiales extranjeras, en la medida que el beneficio del que procede el dividendo ya tributó en la sociedad filial y el dividendo se grava de nuevo en la matriz cuando lo recibe. Por tanto, una misma renta es gravada dos veces, primero por el impuesto extranjero y con posterioridad por el Impuesto de Sociedades en España.

De igual modo, el art. 32.1 de la LIS dice:

Cuando en la base imponible se computen dividendos o participaciones en beneficios pagados por una entidad no residente en territorio español, se deducirá el impuesto efectivamente pagado por esta última respecto de los beneficios con cargo a los cuales se abonan los dividendos, en la cuantía correspondiente de tales dividendos, siempre que dicha cuantía se incluya en la base imponible del contribuyente. Para la aplicación de esta deducción será necesario el cumplimiento de los siguientes requisitos:

a) *Que el porcentaje de participación, directa o indirecta, en el capital o en los fondos propios de la entidad no residente sea, al menos, del 5%.*

b) *Que la participación se hubiera poseído de manera ininterrumpida durante el año anterior al día en que sea exigible el beneficio que se distribuya o, en su defecto, que se mantenga durante el tiempo que sea necesario para completar un año. Para el cómputo del plazo se tendrá también en cuenta el periodo en que la participación haya sido poseída ininterrumpidamente por otras entidades que reúnan las circunstancias a que se refiere el artículo 42 del Código de Comercio para formar parte del mismo grupo de sociedades, con independencia de la residencia y de la obligación de formular cuentas anuales consolidadas.*

BONIFICACIONES

Las bonificaciones se contemplan en los arts. 33 y 34 de la LIS.

Por un lado, están las bonificaciones por rentas obtenidas en Ceuta y Melilla. Se trata de una bonificación del 50% de la cuota íntegra que corresponda a rentas obtenidas en Ceuta y Melilla, con una serie de requisitos relativos a la operación efectiva en dichos territorios.

Por otra parte, está la denominada bonificación por prestación de servicios públicos locales que consiste en una bonificación del 99% de la parte de la cuota íntegra derivada de las rentas obtenidas por la prestación de determinados servicios públicos locales por empresas de capital enteramente público.

13. PAGOS A CUENTA

El Capítulo VI del Título VI de la LIS contiene la deducción de las retenciones, ingresos a cuenta y pagos fraccionados. En su art. 41 señala:

Serán deducibles de la cuota líquida, o en su caso, de la cuota líquida mínima:

a) *Las retenciones a cuenta.*

b) *Los ingresos a cuenta.*

c) *Los pagos fraccionados.*

Cuando dichos conceptos superen el importe de la cuota líquida del Impuesto o, en su caso, de la cuota líquida mínima, la Administración tributaria procederá a devolver, de oficio, el exceso.

14. REGÍMENES TRIBUTARIOS ESPECIALES

El Título VII de la LIS contiene los Regímenes tributarios especiales ya sea por razón de la naturaleza de los contribuyentes afectados o por razón de la naturaleza de los hecho, actos u operaciones de que se trate.

En el mencionado Título se regulan los siguientes Regímenes especiales:

a) Agrupaciones de interés económico españolas (art. 43 LIS).

b) Agrupaciones europeas de interés económico (art. 44 LIS).

c) Uniones temporales de empresas (arts. 45 y ss. LIS).

d) Entidades dedicadas al arrendamiento de vivienda (arts. 48 y ss. LIS).

e) Entidades de capital-riesgo y sociedades de desarrollo industrial regional (arts. 50 y 51 LIS).

f) Instituciones de Inversión Colectiva (arts. 52 y ss. LIS).

g) Régimen de consolidación fiscal (arts. 55 y ss. LIS).

h) Régimen especial de las fusiones, escisiones, aportaciones de activos, canje de valores y cambio de domicilio social de una Sociedad Europea o una Sociedad Cooperativa Europea de un Estado miembro a otro de la Unión Europea (arts. 76 y ss. LIS).

i) Régimen fiscal de la minería (arts. 90 y ss. LIS).

j) Régimen fiscal de la investigación y explotación de hidrocarburos (arts. 95 y ss. LIS).

k) Transparencia fiscal internacional (arts. 100 LIS).

l) Incentivos fiscales para las entidades de reducida dimensión (arts. 101 y ss. LIS).

m) Régimen fiscal de determinados contratos de arrendamiento financiero (art. 106 LIS).

n) Régimen de las entidades de tenencia de valores extranjeros (arts. 107 y 108 LIS).

o) Régimen de entidades parcialmente exentas (arts. 109 y ss. LIS).

p) Régimen de las comunidades titulares de montes vecinales en mano común (art. 112 LIS).

q) Régimen de las entidades navieras en función del tonelaje (art. 113 LIS).

15. GESTIÓN DEL IMPUESTO

A tenor del art. 118.1 de la LIS. «En cada Delegación de la Agencia Estatal de Administración Tributaria se llevará un índice de entidades en el que se inscribirán las que tengan su domicilio fiscal dentro de su ámbito territorial».

Asimismo, en el apartado 2 del art. 118 LIS: «Reglamentariamente se establecerán los procedimientos de alta, inscripción y baja en el índice de entidades».

En cuanto a las obligaciones formales, el art. 120.1 de la LIS dice: «Los contribuyentes de este Impuesto deberán llevar su contabilidad de acuerdo con lo previsto en el Código de Comercio o con lo establecido en las normas por las que se rigen».

Asimismo, el art. 120.2 de la LIS señala:

La Administración tributaria podrá realizar la comprobación e investigación mediante el examen de la contabilidad, libros, correspondencia, documentación y justificantes concernientes a los negocios del contribuyente, incluidos los programas de contabilidad y los archivos y soportes magnéticos. La Administración tributaria podrá analizar directamente la documentación y los demás elementos a que se refiere el párrafo anterior, pudiendo tomar nota por medio de sus agentes de los apuntes contables que se estimen precisos y obtener copia a su cargo, incluso en soportes magnéticos, de cualquiera de los datos o documentos a que se refiere este apartado.

La Administración tributaria podrá comprobar e investigar los hechos, actos, elementos, actividades, explotaciones, valores y demás circunstancias determinantes de la obligación tributaria. En este sentido, podrá regularizar los importes correspondientes a aquellas partidas que se integren en la base imponible en los periodos impositivos objeto de comprobación, aun cuando los mismos deriven de operaciones realizadas en periodos impositivos prescritos.

En cuanto a las declaraciones, el art. 124 de la LIS dice: «Los contribuyentes estarán obligados a presentar una declaración por este impuesto en el lugar y la forma que se determinen por el Ministro de Hacienda y Administraciones Públicas».

Los sujetos pasivos del IS deberán presentar la declaración que corresponda dentro del plazo de los veinticinco días naturales siguientes a los seis meses posteriores a la conclusión del periodo impositivo.

Si al inicio del indicado plazo no se hubiera determinado por el Ministro de Hacienda y Administraciones Públicas la forma de presentar la declaración de ese periodo impositivo, la declaración se presentará dentro de los veinticinco días naturales siguientes a la fecha de entrada en vigor de la norma que determine dicha forma de presentación. No obstante, en tal supuesto el contribuyente podrá optar por presentar la declaración en el plazo al que se refiere el párrafo anterior cumpliendo los requisitos formales que se hubieran establecido para la declaración del periodo impositivo precedente.

En cuanto a la autoliquidación, el art. 125.1 de la LIS dice: «Los contribuyentes, al tiempo de presentar su declaración, deberán determinar la deuda correspondiente e ingresarla en el lugar y en la forma determinados por el Ministro de Hacienda y Administraciones Públicas».

Por último, y en relación a la devolución el art. 127.1 de la LIS dice:

Cuando la suma de las retenciones, ingresos a cuenta y pagos fraccionados de este Impuesto sea superior al importe de la cuota resultante de la autoliquidación, la Administración tributaria practicará, si procede, liquidación provisional dentro de los 6 meses siguientes al término del plazo establecido para la presentación de la declaración.

Cuando la declaración hubiera sido presentada fuera de plazo, los 6 meses a que se refiere el párrafo anterior se computarán desde la fecha de su presentación.

Asimismo, si la cuota resultante de la autoliquidación o, en su caso, de la liquidación provisional es inferior a la suma de las cantidades retenidas a cuenta, de los ingresos a cuenta y de los pagos fraccionados, la Administración tributaria deberá devolver el exceso.

4. EL IMPUESTO SOBRE EL VALOR AÑADIDO

1. NORMATIVA Y ANTECEDENTES

Ley 37/1992, de 28 de diciembre, del Impuesto sobre el Valor Añadido (LIVA).

Real Decreto 1624/1992, de 29 de diciembre, por el que se aprueba el Reglamento del Impuesto sobre el Valor Añadido y se modifica el Real Decreto 1041/1990, de 27 de julio, por el que se regulan las declaraciones censales que han de presentar a efectos fiscales los empresarios, los profesionales y otros obligados tributarios; el Real Decreto 338/1990, de 9 de marzo, por el que se regula la composición y la forma de utilización del número de identificación fiscal, el Real Decreto 2402/1985, de 18 de diciembre, por el que se regula el deber de expedir y entregar factura que incumbe a los empresarios y profesionales, y el Real Decreto 1326/1987, de 11 de septiembre, por el que se establece el procedimiento de aplicación de las Directivas de la Comunidad Económica Europea sobre intercambio de información tributaria (RIVA).

El IVA se introdujo en España en el año 1986 que fue cuando comenzó a formar parte de la Unión Europea. Con anterioridad se aplicaba el denominado Impuesto General sobre el Tráfico de Empresas (IGTE). Con la entrada en vigor del Mercado Único Europeo en el año 1992 se produjo la reforma del IVA y se implantó el denominado sistema transitorio que dio lugar al hecho imponible «Adquisición Intracomunitaria de Bienes» (AIB) y se dio un nuevo impulso a los conceptos de «Importación» y «Exportación».

2. CONCEPTO Y CARACTERÍSTICAS

El IVA es un impuesto estatal indirecto que grava las entregas de bienes y prestaciones de servicios, las importaciones y adquisiciones intracomunitarias de bienes por parte de empresarios o profesionales. El IVA se configura como un impuesto multifásico sobre el valor añadido: grava las ventas efectuadas en cada fase del proceso productivo, permitiendo deducir el IVA soportado en las compras. Con ello se consigue trasladar la carga tributaria hacia el consumidor final, que es quien en última instancia soporta el impuesto, manteniendo la neutralidad, tanto en términos internos como internacionales.

Las características esenciales del IVA son las siguientes:

- Impuesto sobre el consumo de carácter multifásico no acumulativo.
- El devengo es instantáneo y anticipado en relación al consumo final.
- El IVA es un impuesto neutral. Su neutralidad significa que el gravamen es conocido con exactitud e independiente del número de las fases productivas. De igual modo, facilita los ajustes en frontera.

3. ESQUEMA DE LIQUIDACIÓN

En las compras se soporta el IVA y en las ventas se repercute.

En las compras existen adquisición de bienes y de servicios que se multiplica por el tipo de gravamen, y el resultado es el IVA deducible. De aquí se obtiene la cuota.

Base imponible x Tipo de gravamen = Cuota IVA deducible o soportado.

En las ventas existen entrega de bienes y prestación de servicios que se multiplica por el tipo de gravamen, y el resultado es el IVA devengado. De aquí se obtiene la cuota.

Base imponible x Tipo de gravamen = Cuota IVA devengado o repercutido.

El resultado final puede ser (+) a ingresar o (-) a devolver. Cuando es (+) se ingresa a Hacienda el IVA y cuando es (-) se obtiene una devolución. El caso (-) se produce cuando se ha soportado más IVA del que se ha repercutido.

Ejemplo: una empresa que fabrica gafas y tiene un semestre en el que no vende nada y la empresa sigue pagando gastos. Lo frecuente es IVA a ingresar.

Cuota IVA devengado - Cuota IVA deducible = (+) A ingresar o (-) A devolver.

4. TERRITORIO DE APLICACIÓN DEL IMPUESTO

El IVA se aplica en todo el territorio peninsular español y Baleares. No se aplica en Canarias, Ceuta y Melilla, sin perjuicio de los regímenes tributarios forales de Concierto y Convenio Económico del País Vasco, Comunidad Foral de Navarra y de los Tratados y Convenios internacionales (arts. 2 y 3 LIVA).

5. HECHO IMPONIBLE

En relación al hecho imponible del IVA hay que diferenciar tres:

- Operaciones interiores: entregas de bienes y prestaciones de servicios realizadas en el territorio de aplicación del impuesto (TAI) por empresarios o profesionales a título oneroso, (ventas de bienes que realizan las empresas y que se entienden realizadas en el TAI; no es necesario ventas de bienes que normalmente vende la empresa), a veces también a título gratuito, con carácter habitual u ocasional, en el desarrollo de su actividad. Ejemplo de carácter ocasional es cuando el empresario que tiene un local con una estantería y decide venderla. Esta venta lleva IVA. Con anterioridad se pagó el IVA, se lo dedujo y Hacienda se lo devolvió.

  Por razones técnicas, se gravan también algunos autoconsumos.

  Las entregas de bienes, es decir, la transmisión del poder de disposición sobre bienes corporales efectuadas por sociedades mercantiles, empresarios o profesionales a título oneroso, con carácter habitual u ocasional, en el desarrollo de su actividad empresarial o profesional (art. 8 LIVA).

Las prestaciones de servicios, es decir, la prestación humana que satisface alguna necesidad humana por sociedades mercantiles, empresarios o profesionales. Por ejemplo, las labores de asesoramiento de un abogado, los arrendamientos de bienes, industria o negocio, empresas o establecimientos mercantiles, con o sin opción de compra (art. 11 LIVA).

El autoconsumo de bienes y servicios, es decir, la utilización o transmisión gratuita de bienes o servicios de una actividad empresarial o profesional desarrollada en España, en beneficio privado del sujeto pasivo o de terceras personas.

- Adquisiciones intracomunitarias de bienes (AIB): entradas en el TAI de bienes corporales (no servicios) adquiridos por empresarios o profesionales, procedentes del territorio comunitario. No se consideran AIB las compras efectuadas por particulares, como, por ejemplo, las compras que se hacen cuando vamos de viaje por Europa.

  Las adquisiciones intracomunitarias de bienes, es decir, la entrada en el interior del país de un bien procedente de alguno de los Estados de la Unión Europea realizadas por empresarios o profesionales, aunque en ocasiones pueden ser realizadas por particulares (arts. 13 y ss. LIVA).

- Importaciones: compras a terceros países por una persona ya sea empresa o particular. Se trata de entradas en el TAI de bienes corporales procedentes de terceros países (se incluyen Canarias, Ceuta y Melilla), sea cual sea la condición del comprador. Por tanto, las entradas procedentes de Canarias, Ceuta y Melilla se consideran también importaciones debido a que quedan excluidas del territorio del IVA comunitario.

  Las importaciones de bienes, es decir, la entrada en el interior del país de un bien procedente de un Estado tercero, es decir, no perteneciente a la Unión Europea, por empresarios, profesionales o particulares (arts. 17 y ss. LIVA).

  Las compras de bienes a Canarias, Ceuta y Melilla, es decir, la entrada en el interior del país de un bien procedente de Canarias, Ceuta y Melilla, se considera importación.

El autoconsumo de bienes o servicios, es decir, la utilización o transmisión gratuita de bienes o servicios de una actividad empresarial o profesional desarrollada en un Estado de la Unión Europea o tercer país, en beneficio privado del sujeto pasivo o de terceras personas.

6. SUJETOS PASIVOS

Cuando se trata de Operaciones interiores existen dos reglas para determinar el sujeto pasivo:

Regla general: Empresario o profesional que realiza la operación, es decir, el vendedor.

Regla especial (inversión del sujeto pasivo): si el sujeto anterior no está establecido en el TAI, y sí lo está el empresario o profesional para quien se realiza la operación, será sujeto pasivo el empresario o profesional destinatario de la operación, es decir, el comprador. Por consiguiente, el sujeto pasivo será el empresario comprador. Se exige una autorrepercusión del impuesto. La autorrepercusión es condición necesaria para que el IVA sea deducible.

Cuando se trata de Adquisiciones intracomunitarias de bienes el sujeto pasivo es el empresario o profesional que efectúa la adquisición, es decir, el empresario comprador y es quien soporta las obligaciones con Hacienda. Se exige una autorrepercusión del impuesto, es decir, el empresario comprador se autorrepercute el impuesto.

Cuando se trata de Importaciones el sujeto pasivo es el importador ya sea empresa o particular. El importador es quien satisface el IVA en la aduana. Cuando se trata de empresa o profesional, el IVA soportado podrá deducirse en la correspondiente declaración. Por tanto, si es empresario se va a poder deducir el IVA en su declaración, y si no es empresario no se lo va a poder deducir en su declaración. Cuando se habla de importaciones son importaciones no exentas.

7. EXENCIONES

En las entregas de bienes y prestaciones de servicios. Las exenciones que afectan al hecho imponible entrega de bienes y prestaciones de servicios pueden clasificarse en dos bloques:

Exenciones Limitadas[23] (art. 20 LIVA). Son operaciones en las cuales el empresario o profesional no repercute el IVA en las ventas, por definirse como exentas en el art. 20 LIVA, no pudiendo tampoco deducirse el IVA soportado en las compras aplicadas a dichas actividades.

A diferencia de lo que ocurre con las exenciones plenas que afectan al comercio internacional, las exenciones limitadas distorsionan el funcionamiento del IVA al interrumpir la cadena de deducciones del circuito de producción-comercialización de los bienes, vulnerando la neutralidad del impuesto. Pese a ello, se mantiene una numerosa lista de exenciones con origen y motivaciones diversas, respaldadas por la Sexta Directiva del IVA. Las más significativas son las siguientes:

- Servicios Médicos y Sanitarios: hospitalización y asistencia sanitaria por entes públicos o privados autorizados; asistencia médica directa, incluyendo prestaciones de odontólogos, protésicos dentales y similares, transporte en ambulancia, etc.
- Servicios Educativos: enseñanza de cualquier grado impartida por entes públicos o privados autorizados; clases particulares impartidas por personas físicas (no jurídicas) sobre materias incluidas en los planes de estudio.
- Servicios de Asistencia Social (protección a la infancia, reinserción social, asistencia a refugiados, etc.) realizados por entes públicos o privados de carácter social (sin fines de lucro).
- Servicios Deportivos y Culturales prestados a personas físicas por entes públicos o privados de carácter social (bibliotecas, museos, exposiciones, etc.) a personas físicas, salvo espectáculos deportivos; servicios profesionales de autores, traductores, adaptadores y similares en relación con obras literarias, científicas o artísticas.

---

[23] Son operaciones exentas sin derecho a deducción.

- Sector Financiero y Seguros: operaciones financieras y de seguros típicas del sector (concesión de préstamos, compraventa de valores o divisas, operaciones se seguro, reaseguro y capitalización, etc.).
- Sector Inmobiliario:
  a) Segundas y ulteriores transmisiones de edificaciones.
  b) Entrega de terrenos rústicos.
     Las anteriores exenciones son renunciables, previa solicitud por parte del interesado, si el comprador es un sujeto pasivo del IVA con derecho a deducción total del IVA soportado.
  c) Arrendamiento de viviendas, incluyendo los garajes y anexos a las mismas.
  d) Arrendamiento de terrenos salvo los destinados al estacionamiento de vehículos, depósito o almacenaje, o para instalar elementos de una actividad empresarial.
- Exenciones Técnicas: venta de bienes cuya compra no tuvo derecho a deducción.
- Otras exenciones diversas: servicios postales, loterías y juegos de azas entre otras.

Exenciones Plenas (arts. 21-25 LIVA). El empresario o profesional que realiza la operación no repercute IVA, teniendo, sin embargo, pleno derecho a deducir el IVA soportado en las compras realizadas en la actividad[24]. Se incluyen las operaciones de comercio internacional, y en concreto:

- Las exportaciones y operaciones asimiladas a las mismas (X):

Entregas de bienes expedidos o transportados con carácter definitivo hacia territorios terceros (incluidas Canarias, Ceuta y Melilla), incluyendo los servicios accesorios a las exportaciones (transporte, etc.).

Entregas de bienes a viajeros. Se entiende por viajeros a las personas físicas residentes de otros países no comunitarios en sus visitas a la Península e Islas Baleares. La exención se hará efectiva mediante el reembolso a posteriori del impuesto soportado en las adquisiciones.

---

[24] Son operaciones exentas con derecho a deducción.

Este reembolso se aplicará respecto de las entregas de bienes documentadas en una factura cualquiera que sea su importe total[25].

Entregas efectuadas en tiendas libres de impuestos de aeropuertos.

- Las entregas intracomunitarias de bienes (EIB), entendiendo por tales las ventas de bienes expedidos o transportados a otro Estado Miembro (territorio comunitario a efectos de IVA) con destino a un empresario o profesional[26] identificada a efectos de IVA en dicho Estado Miembro. Si se trata de medios de transporte nuevos, siempre están exentas, ya que estos bienes tributan en destino sea quien sea el comprador.
En las adquisiciones intracomunitarias de bienes, el art. 26 de la LIVA regula algunos supuestos de exención en AIB, por equiparación a otros hechos imponibles (por ejemplo, se consideran exentas las adquisiciones intracomunitarias de bienes cuya entrega en el territorio de aplicación del impuesto (TAI) o importación hubiera estado no sujeta o exenta), o por razones de simplicidad recaudatoria (como es el caso de las denominadas operaciones triangulares[27]).

En las importaciones: existen numerosas importaciones que se declaran exentas, reguladas en los arts. 27-67 de la LIVA.

---

[25] Hasta el 5 de julio de 2018 el importe de la factura debía ser superior a 90,15 euros. El 1 de enero de 2017 entró en vigor el proyecto DIVA, en el que las tiendas, directamente o a través de las empresas de tax free, enviarán a la Agencia Tributaria las facturas correspondientes a este tipo de ventas. Así, este nuevo sistema, de carácter voluntario, se basa en la sustitución del diligenciado de la factura para acreditar la salida de la mercancía del territorio de la Comunidad por el sellado digital del documento electrónico de reembolso. Este documento electrónico de reembolso (formulario DIVA) se trata de un documento disponible en la Sede electrónica de la AEAT en el que se consignará los bienes adquiridos, el IVA, la identidad, fecha de nacimiento y número de pasaporte del viajero.

[26] Se incluyen igualmente las personas jurídicas de carácter no empresarial.

[27] Son operaciones triangulares las AIB efectuadas por un empresario/profesional identificado en otro Estado miembro (A), para su posterior entrega a un sujeto pasivo identificado en el TAI, siendo los bienes transportados directamente desde un tercer Estado miembro (B) distinto del primero con destino al adquirente final identificado en el TAI.

8. BASE IMPONIBLE

Como regla general[28], la base imponible del IVA está formada por el importe total de la contraprestación, incluyendo el precio de los bienes y servicios principales y accesorios (transporte, envases y embalajes, seguros, primas por prestaciones anticipadas, comisiones, etc.).

No se incluyen, descuentos y bonificaciones concedidos previa o simultáneamente al momento de realización de la operación y que no constituyan la remuneración de otras operaciones, tampoco se incluyen los intereses por aplazamiento del pago, ni las indemnizaciones u otras percepciones que no sean parte de la contraprestación propiamente dicha (por ejemplo, la fianza en un arrendamiento).

En el caso de las importaciones, el IVA se aplica sobre el valor del bien incrementado, en su caso, con los derechos de aduana, los impuestos especiales u otros gravámenes que recaigan sobre el bien, así como los gastos accesorios hasta el primer lugar de destino.

Si existen subvenciones vinculadas al precio (por unidad vendida o volumen de servicios prestados), dichas subvenciones se incluyen en la base imponible del IVA.

Son necesarias modificaciones de la base imponible en determinados supuestos: devolución de envases y embalajes reutilizables, alteración del precio o descuentos concedidos después de efectuada la operación, operaciones declaradas parcial o totalmente incobrables[29]. En tales casos deben emitirse las correspondientes facturas rectificativas.

---

[28] Existen reglas particulares para determinadas operaciones (por ejemplo, autoconsumos, operaciones entre partes vinculadas, ventas a comisionistas que actúan por cuenta propia, etc.).

[29] Mediante la Ley 31/2022, de 23 de diciembre, de Presupuestos Generales del Estado para 2023 se modificó el art. 84.4 de la LIVA. Con efectos 1 de enero de 2023, la reclamación previa que debe realizar el acreedor instando el pago de la contraprestación al destinatario de la operación no es necesario que se haga por requerimiento notarial o por reclamación judicial.

9. TIPOS IMPOSITIVOS

Con efectos desde el 1 de septiembre de 2012 y vigencia indefinida, se introducen las siguientes modificaciones en la Ley 37/1992, de 28 de diciembre, del Impuesto sobre el Valor Añadido (LIVA).

➢ Tipo impositivo general: 21%
➢ Tipo impositivo reducido: 10%
➢ Tipo impositivo superreducido: 4%

TIPO IMPOSITIVO GENERAL: 21%

El impuesto se exigirá al tipo del 21%, salvo lo dispuesto en el artículo 91 LIVA. El tipo impositivo aplicable a cada operación será el vigente en el momento del devengo.

TIPO IMPOSITIVO REDUCIDO: 10%

Se aplicará el tipo del 10% a las operaciones siguientes (art. 91.1 LIVA):

LAS ENTREGAS, ADQUISICIONES INTRACOMUNITARIAS O IMPORTACIONES DE LOS BIENES SIGUIENTES:

• Las sustancias o productos, cualquiera que sea su origen que, por sus características, aplicaciones, componentes, preparación y estado de conservación, sean susceptibles de ser habitual e idóneamente utilizados para la nutrición humana o animal, de acuerdo con lo establecido en el Código Alimentario y las disposiciones dictadas para su desarrollo, excepto las bebidas alcohólicas. Se entiende por bebida alcohólica todo líquido apto para el consumo humano por ingestión que contenga alcohol etílico. A los efectos de este número no tendrán la consideración de alimento el tabaco ni las sustancias no aptas para el consumo humano o animal en el mismo estado en que fuesen objeto de entrega, adquisición intracomunitaria o importación.

• Los animales, vegetales y los demás productos susceptibles de ser utilizados habitual e idóneamente para la obtención de los productos a que se refiere el número anterior, directamente o mezclados con otros de origen distinto. Se comprenden en este número los animales destinados a su engorde antes de ser utilizados en el consumo humano o animal y los animales reproductores de los mismos o de aquellos otros a que se refiere el párrafo anterior.

- Los siguientes bienes cuando por sus características objetivas, envasado, presentación y estado de conservación, sean susceptibles de ser utilizados directa, habitual e idóneamente en la realización de actividades agrícolas, forestales o ganaderas: semillas y materiales de origen exclusivamente animal o vegetal susceptibles de originar la reproducción de animales o vegetales; fertilizantes, residuos orgánicos, correctores y enmiendas, herbicidas, plaguicidas de uso fitosanitario o ganadero; los plásticos para cultivos en acolchado, en túnel o en invernadero y las bolsas de papel para la protección de las frutas antes de su recolección.

- Las aguas aptas para la alimentación humana o animal o para el riego, incluso en estado sólido.

- Los medicamentos de uso veterinario.

- Los siguientes bienes:

Los productos farmacéuticos comprendidos en el Capítulo treinta «Productos farmacéuticos» de la Nomenclatura Combinada, susceptibles de uso directo por el consumidor final, distintos de los incluidos en el número 5º de este apartado 1.1 y de aquellos a los que les resulte de aplicación el tipo impositivo establecido en el número 3º del apartado 2.1 de este artículo.

Los equipos médicos, aparatos y demás instrumental, relacionados en el apartado octavo del anexo de esta Ley, que, por sus características objetivas, estén diseñados para aliviar o tratar deficiencias, para su uso personal y exclusivo de personas que tengan deficiencias físicas, mentales, intelectuales o sensoriales, sin perjuicio de lo previsto en el apartado 2.1 de este artículo.

- Los edificios o partes de los mismos aptos para su utilización como viviendas, incluidas las plazas de garaje, con un máximo de dos unidades, y anexos en ellos situados que se transmitan conjuntamente.

- Las flores, las plantas vivas de carácter ornamental, así como las semillas, bulbos, esquejes y otros productos de origen exclusivamente vegetal susceptibles de ser utilizados en su obtención.

LAS PRESTACIONES DE SERVICIOS SIGUIENTES:

- Los transportes de viajeros y sus equipajes.
- Los servicios de hostelería, acampamento y balneario, los de restaurantes y, en general, el suministro de comidas y bebidas para consumir en el acto, incluso si se confeccionan previo encargo del destinatario.
- Las efectuadas en favor de titulares de explotaciones agrícolas, forestales o ganaderas, necesarias para el desarrollo de las mismas, que se indican a continuación: plantación, siembra, injertado, abonado, cultivo y recolección; embalaje y acondicionamiento de los productos, incluido su secado, limpieza, descascarado, troceado, ensilado, almacenamiento y desinfección de los productos; cría, guarda y engorde de animales; nivelación, explanación o abancalamiento de tierras de cultivo; asistencia técnica; la eliminación de plantas y animales dañinos y la fumigación de plantaciones y terrenos; drenaje; tala, entresaca, astillado y descortezado de árboles y limpieza de bosques; y servicios veterinarios.
- Los servicios de limpieza de vías públicas, parques y jardines públicos.
- Los servicios de recogida, almacenamiento, transporte, valorización o eliminación de residuos, limpieza de alcantarillados públicos y desratización de los mismos y la recogida o tratamiento de las aguas residuales.
- La entrada a bibliotecas, archivos y centros de documentación, museos, galerías de arte, pinacotecas, salas cinematográficas, teatros, circos, festejos taurinos, conciertos, y a los demás espectáculos culturales en vivo.
- Las prestaciones de servicios a que se refiere el número 8º del apartado 1 del artículo 20 de la LIVA cuando no estén exentas de acuerdo con dicho precepto ni les resulte de aplicación el tipo impositivo establecido en el número 3º del apartado 2.2 de este artículo.

- Los espectáculos deportivos de carácter aficionado.
- Las exposiciones y ferias de carácter comercial.
- Las ejecuciones de obra de renovación y reparación realizadas en edificios o partes de los mismos destinados a viviendas, cuando se cumplan los siguientes requisitos:
  a) Que el destinatario sea persona física, no actúe como empresario o profesional y utilice la vivienda a que se refieren las obras para su uso particular.

  No obstante, lo dispuesto en el párrafo anterior, también se comprenderán en este número las citadas ejecuciones de obra cuando su destinatario sea una comunidad de propietarios.

  b) Que la construcción o rehabilitación de la vivienda a que se refieren las obras haya concluido al menos dos años antes del inicio de estas últimas.
  c) Que la persona que realice las obras no aporte materiales para su ejecución o, en el caso de que los aporte, su coste no exceda del 40% de la base imponible de la operación.
- Los arrendamientos con opción de compra de edificios o partes de los mismos destinados exclusivamente a viviendas, incluidas las plazas de garaje, con un máximo de dos unidades, y anexos en ellos situados que se arrienden conjuntamente.
- La cesión de los derechos de aprovechamiento por turno de edificios, conjuntos inmobiliarios o sectores de ellos arquitectónicamente diferenciados cuando el inmueble tenga, al menos, diez alojamientos, de acuerdo con lo establecido en la normativa reguladora de estos servicios.

LAS SIGUIENTES OPERACIONES:

- Las ejecuciones de obras, con o sin aportación de materiales, consecuencia de contratos directamente formalizados entre el promotor y el contratista que tengan por objeto la construcción o rehabilitación de edificaciones o partes de las mismas destinadas principalmente a viviendas, incluidos los locales, anejos, garajes, instalaciones y servicios complementarios en ellos situados.

- Las ventas con instalación de armarios de cocina y de baño y de armarios empotrados para las edificaciones a que se refiere el número 1º anterior, que sean realizadas como consecuencia de contratos directamente formalizados con el promotor de la construcción o rehabilitación de dichas edificaciones.

- Las ejecuciones de obra, con o sin aportación de materiales, consecuencia de contratos directamente formalizados entre las Comunidades de Propietarios de las edificaciones o partes de las mismas a que se refiere el número 1º anterior y el contratista que tengan por objeto la construcción de garajes complementarios de dichas edificaciones, siempre que dichas ejecuciones de obra se realicen en terrenos o locales que sean elementos comunes de dichas Comunidades y el número de plazas de garaje a adjudicar a cada uno de los propietarios no exceda de dos unidades.

- Las importaciones de objetos de arte, antigüedades y objetos de colección, cualquiera que sea el importador de los mismos, y las entregas de objetos de arte realizadas por las siguientes personas:

  a) Por sus autores o derechohabientes.

  b) Por empresarios o profesionales distintos de los revendedores de objetos de arte a que se refiere el artículo 136 de la LIVA, cuando tengan derecho a deducir íntegramente el Impuesto soportado por repercusión directa o satisfecho en la adquisición o importación del mismo bien.

- Las adquisiciones intracomunitarias de objetos de arte cuando el proveedor de los mismos sea cualquiera de las personas a que se refieren las letras a) y b) del apartado precedente.

TIPO IMPOSITIVO SUPERREDUCIDO: 4%

Se aplicará el tipo del 4% a las operaciones siguientes (art. 91.2 LIVA):

1. LAS ENTREGAS, ADQUISICIONES INTRACOMUNITARIAS O IMPORTACIONES DE LOS BIENES SIGUIENTES:
   - Los siguientes productos:

a) El pan común, así como la masa de pan común congelada y el pan común congelado destinados exclusivamente a la elaboración del pan común.

b) Las harinas panificables.

c) Los siguientes tipos de leche producida por cualquier especie animal: natural, certificada, pasterizada, concentrada, desnatada, esterilizada, UHT, evaporada y en polvo.

d) Los quesos.

e) Los huevos.

f) Las frutas, verduras, hortalizas, legumbres, tubérculos y cereales, que tengan la condición de productos naturales de acuerdo con el Código Alimentario y las disposiciones dictadas para su desarrollo.

- Los libros, periódicos y revistas, incluso cuando tengan la consideración de servicios prestados por vía electrónica, que no contengan única o fundamentalmente publicidad, así como los elementos complementarios que se entreguen conjuntamente con estos bienes mediante precio único.

- Los medicamentos de uso humano, así como las formas galénicas, fórmulas magistrales y preparados oficinales.

- Los vehículos para personas con movilidad reducida a que se refiere el número 20 del Anexo I del Real Decreto Legislativo 339/1990, de 2 de marzo, por el que se aprueba el Texto Articulado de la Ley sobre Tráfico, Circulación de Vehículos a Motor y Seguridad Vial, en la redacción dada por el Anexo II A del Real Decreto 2822/1998, de 23 de diciembre, por el que se aprueba el Reglamento General de Vehículos, y las sillas de ruedas para uso exclusivo de personas con discapacidad.

- Las prótesis, ortesis e implantes internos para personas con discapacidad.

- Las viviendas calificadas administrativamente como de protección oficial de régimen especial o de promoción pública, cuando las entregas se efectúen por sus promotores, incluidos los garajes y anexos situados en el mismo edificio que se transmitan conjuntamente. A estos efectos, el número de plazas de garaje no podrá exceder de dos unidades.

- Las compresas, tampones, protegeslips, preservativos y otros anti-conceptivos no medicinales.

2. LAS PRESTACIONES DE SERVICIOS SIGUIENTES:

- Los servicios de reparación de los vehículos y de las sillas de ruedas comprendidos en el párrafo primero del número 4º del apartado 2.1 de este artículo y los servicios de adaptación de los autotaxis y autoturismos para personas con discapacidad y de los vehículos a motor a los que se refiere el párrafo segundo del mismo precepto, independientemente de quién sean el conductor de los mismos.

- Los arrendamientos con opción de compra de edificios o partes de los mismos destinados exclusivamente a viviendas calificadas administrativamente como de protección oficial de régimen especial o de promoción públicas, incluidas las plazas de garaje, con un máximo de dos unidades, y anexos en ellos situados que se arrienden conjuntamente.

- Los servicios de teleasistencia, ayuda a domicilio, centro de día y de noche y atención residencial, a que se refieren las letras b), c), d) y e) del apartado 1 del artículo 15 de la Ley 39/2006, de 14 de diciembre, de Promoción de la Autonomía Personal y Atención a las personas en situación de dependencia, siempre que se presten en plazas concertadas en centros o residencias o mediante precios derivados de un concurso administrativo adjudicado a las empresas prestadoras, o como consecuencia de una prestación económica vinculada a tales servicios que cubra más del 10% de su precio, en aplicación, en ambos casos, de lo dispuesto en la Ley.

10. IVA COMUNITARIO

El objetivo de consecución de un mercado interior significa entre otros aspectos que los intercambios comerciales que tienen lugar entre los países miembros de la Unión Europea deben recibir el mismo trato que si se tratasen de transacciones ocurridas en el interior de los países.

En este sentido, en la actualidad un producto fabricado en el interior de un país y destinado a la venta y posterior consumo en lugar distinto pero perteneciente al interior de dicho país, llega al punto en el que va a ser consumido con una repercusión en origen o gravamen por concepto del IVA. Sin embargo, si el producto es vendido fuera de las fronteras nacionales, en términos fiscales, dicha operación se encuentra exenta de IVA en origen manteniendo el derecho a deducción de los IVA soportados[30]. Posteriormente, cuando el producto traspasa las fronteras y llega a su lugar de destino se le repercute el IVA que, de acuerdo con la legislación nacional del país de destino le corresponde, el cual puede ser igual, superior o inferior al IVA que le hubiese correspondido de aplicarse el tipo impositivo del país de procedencia.

El objetivo de ofrecer un igual trato a las ventas intracomunitarias como si se tratasen de ventas en el interior de un país significa que el IVA deberá ser facturado por el sujeto pasivo que efectúa la venta en el Estado miembro de exportación y deducido por el sujeto pasivo que efectúa la compra en el Estado miembro de importación. La aplicación del IVA a la exportación pasa a basarse en el criterio de destino para aplicarse el criterio de origen del producto o servicio. Por lo tanto, no se efectúan diferenciaciones fiscales en función del lugar geográfico de destino del bien o servicio.

Este es uno de los objetivos primordiales para la consecución de un mercado interior auténtico, es decir, la supresión de las formalidades fronterizas de carácter fiscal en lo referente al IVA.

La aparente simplicidad del cambio de sistema en la aplicación del IVA se desvanece si se pasa de los aspectos correspondientes a la determinación del sujeto pasivo indirecto, el sujeto pasivo último en el IVA es el consumidor final del producto o servicio, a efectos de las circunstancias que definen la condición del sujeto pasivo activo recaudador.

El IVA es un impuesto indirecto sobre el consumo; como tal el total de IVA facturado correspondiente al país o administración fiscal en el que tiene lugar el consumo final del bien, independientemente de su lugar de

---

[30] Es decir, que opera como si se tratase de un tipo cero.

fabricación. Dicho de otro modo, los ingresos derivados de la aplicación de dicho IVA corresponden al país de destino final del bien o servicio.

Así, en un sistema en el que prevalece el principio de imposición según del destino, el IVA facturado en la exportación se aplica en el lugar y al tipo correspondiente al país de destino final de la misma. En un sistema contrario, como el que se pretende aplicar, cuando el principio de destino se sustituye por el de origen, el lugar donde se repercute el IVA a la exportación no coincide con el lugar de consumo del bien y, por tanto, tampoco coincide con el lugar donde corresponde la recaudación por dicho impuesto.

Por consiguiente, es necesario establecer un mecanismo de compensación o clearing, que permita que las cuotas repercutidas e ingresadas en un país miembro en concepto de exportación sean devueltas al resto de los Estados miembros en los que las cuotas impositivas van a ser deducidas y en los que va a tener lugar el consumo final del bien o servicio.

A continuación, se van a detallar los principios de gravamen en destino y en origen.

PRINCIPIO DE GRAVAMEN EN DESTINO

El principio de gravamen en destino significa que las mercancías no son sometidas a imposición en el país de origen de las mismas, allí donde han sido producidas. En cambio, los países que, en el ámbito del comercio intracomunitario, reciben los productos aplican un impuesto compensatorio del mismo tipo y nivel que el utilizado para sus producciones nacionales; de este modo, los bienes procedentes de otros Estados miembros incrementan su precio neto con el impuesto que rija en el Estado donde van a ser consumidos, asegurándose así para los consumidores finales que todos los productos del mercado nacional se encuentran gravados de la misma forma y al mismo nivel, sea cual fuere el lugar donde hayan sido producidos o de donde procedan, manteniéndose de este modo el equilibrio y la neutralidad en este tipo de comercio.

Los consumidores no sufragan con este método los impuestos del país extranjero de origen y los empresarios no experimentan una disminución de sus beneficios al gozar de la devolución de los impuestos exigidos sobre los productos exportados mediante los llamados ajustes fiscales en frontera. El principio de gravamen en destino implica que el IVA recaiga sobre el consumo agregado de los particulares dentro de un país. Los ajustes en frontera se aplican para evitar la doble imposición y mediante los mismos se devuelven al exportador las cuotas soportadas en las adquisiciones que emplea en sus exportaciones. La solución técnica es reconocer que las exportaciones originan un derecho a deducción.

Este sistema permite que los Estados miembros entre los que se desarrollan las relaciones comerciales puedan aplicar y mantener tipos de gravamen diferentes en el impuesto ya que éstos sólo alcanzarán a sus propios nacionales. También, como se puede suponer, requiere en su funcionamiento la permanencia de los referidos ajustes fiscales en frontera para respetar que el impuesto sea neutral y no genere distorsiones en el comercio internacional, ya que es la única fórmula de que el factor impositivo no influya en las decisiones empresariales.

Las principales ventajas que plantea un principio de semejante naturaleza es que se asegura a los consumidores que siempre se les exigirá el mismo impuesto sea cual fuere el origen de las mercancías que compran en el Mercado interior. La segunda ventaja de este sistema se establece porque, por regla general, la carga impositiva generada por el IVA puede determinarse perfectamente lo cual garantiza el logro de la máxima neutralidad a través de los ajustes en frontera, no creando distorsiones y permitiendo por ello un normal funcionamiento del Mercado sin restricciones a la competencia. Esto no ocurriría si se tratara de impuestos multifásicos o en cascada, con los cuales resultaba muy difícil calcular el montante exacto de carga impositiva soportada, por lo que resultaba prácticamente imposible evitar el *dumping* o proteccionismo estatal por parte de cada país europeo a sus mercancías destinadas al comercio exterior con otros Estados miembros.

La principal desventaja, que adquiere una especial relevancia si se compara con las expectativas del Mercado común, es que para que el funcionamiento de este principio goce de las características antedichas resulta imposible que desaparezcan los ajustes fiscales en frontera, único mecanismo capaz de asegurar el funcionamiento del principio dentro de la neutralidad en el comercio interestatal. Debido a ello, parece que la adopción por la Comunidad Europea de un Mercado común sin fronteras interiores exige que dicho principio sea sustituido por otro, cuyo funcionamiento permita la desaparición de dichos ajustes sin que ello sea causa de la pérdida de neutralidad del sistema.

PRINCIPIO DE GRAVAMEN EN ORIGEN

La aplicación del principio de gravamen en origen supone el pago del impuesto en el lugar de origen, es decir las exportaciones quedarán gravadas en el país de partida de las mismas, y al tipo utilizado normalmente en este Estado para sus mercancías nacionales, y las importaciones no deberán satisfacer el impuesto que actualmente les corresponde por tal concepto. Sin embargo, en el país importador ha de permitirse la deducción del IVA satisfecho por la exportación realizada; no siendo los tipos existente en los distintos países miembros idénticos, y existiendo también diferencias relevantes entre las balanzas comerciales, se hace necesaria la adopción de un sistema de compensación o *clearing* a efectos de solventar los problemas presupuestarios derivados de la aplicación del principio de origen. Por tanto, el comprador de las mercancías puede deducirse el IVA pagado en el país de origen en su propio Estado de residencia.

En el funcionamiento de este principio, las importaciones (adquisiciones intracomunitarias de bienes) entre los Estados miembros dejan de considerarse hechos imponibles del impuesto, y, a cambio, se gravan las exportaciones (entrega de bienes a otro Estado miembro) como si se trataran de ventas realizadas en el propio Mercado interior. Por lo tanto, sigue siendo el consumidor final el que soporta la carga impositiva, aunque dicha carga revertirá al país en el que se haya producido todo el proceso de producción de dicho producto. Los Estados miembros donde se produce el consumo de los bienes (que han tributado en origen) según este sistema deberán permitir la deducción del impuesto sea cual fuere el Estado en el que se hubiera producido el pago del mismo. El tráfico de mercancías entre los diferentes Estados miembros se asimila claramente al que se produce en el interior de cada uno de ellos, desapareciendo los conceptos de importación-exportación en el seno de un mercado comunitario, que se comporta, a estos efectos, como si se tratara de un mercado nacional, funcionando de la misma manera que éste.

Por lo que se refiere a las ventajas de este principio, la primera y más importante es la de posibilitar la supresión de las fronteras fiscales, al no exigir su funcionamiento los ajustes fiscales en frontera. El hecho de pagar el IVA en origen hace innecesario el que por motivos fiscales, concretamente el satisfacer el IVA a la importación tan pronto como el producto entre en el país importador, deban existir puestos fronterizos que obliguen a una parada de control en los mismos, y a la cumplimentación de una serie de formalidades aduaneras. La existencia de las aduanas supone una serie de costes y obstáculos a la realización del Mercado interior. Uno de tipo psicológico y otro de tipo puramente económico.

Respecto a la asignación de recursos, la aplicación del principio de origen per se, es buena, y no generará efectos negativos respecto a este objetivo económico si los tipos del impuesto se encuentran suficientemente aproximados por lo que su aplicación ha de considerarse en conjunto como positiva y deseable desde una óptica estrictamente económica; sin embargo, dada la existencia de diversidad de tipos, y teniendo en cuenta que, aunque últimamente se está produciendo una aproximación en los costes a nivel internacional, y por lo tanto en los precios finales de los bienes, los precios de venta varían de un país a otro, no pudiendo evitarse el que se produzcan algunos efectos sobre la asignación de recursos, el bienestar y el comercio internacional.

Dichos efectos negativos, irán desapareciendo a medida que se den dos condiciones:

La primera, que los costes de los factores y los precios de venta se vayan igualando en los países miembros. Este hecho es uno de los resultados que se pretende alcanzar a través de la consecución de un Mercado interior en la Europa comunitaria. Una vez abolidas todas las barreras existentes ente los países miembros, tanto físicas, técnicas o fiscales, producirá una tendencia hacia la igualación en los precios de venta y en los costes de los factores de producción.

La segunda, la aproximación en los tipos impositivos del IVA. La diferencia en los mismos viene a añadirse a los ya diferentes costes de producción y por lo tanto a establecer diferencias en los precios de venta.

Por último, el principio de gravamen en origen contribuye a mantener la neutralidad exterior del IVA, entendida como el dispensar un tratamiento idéntico a los bienes nacionales y a los importados. La posibilidad de deducción del tributo pagado en el país de origen por parte del importador (que en puridad dejaría de serlo si se habla de un Mercado común, convirtiéndose en adquirente) en el país de destino permite conservar toda neutralidad del IVA. Esta característica es consustancial con la naturaleza del IVA, como impuesto que permite la devolución de la carga fiscal soportada en fases precedentes del proceso de producción y distribución, recayendo única y exclusivamente el IVA. La aplicación del principio de origen no produce cambio alguno en el trato al que eran sometidos tanto los bienes nacionales como los importados, ya que, aunque en principio los bienes importados entran en el país de destino una vez satisfecho el impuesto en origen, este impuesto puede ser deducible posteriormente en el país de destino asegurándose así la neutralidad exterior del impuesto.

La aplicación pura del principio de origen ocasionaría problemas en tres campos distintos, cuya solución vendrá determinada por la adopción de un mecanismo complementario a la aplicación del principio de origen, cual es el sistema de compensación o *clearing*.

En primer lugar, por la naturaleza jurídica del IVA, este es considerado como un impuesto sobre el consumo que recae única y exclusivamente sobre el valor añadido en todas y cada una de las etapas del proceso de producción y distribución. El IVA, independientemente de donde sea percibido (en origen o en destino) da derecho a deducción a los sujetos pasivos del mismo, del IVA soportado en etapas anteriores, de forma que se ingresa en las respectivas haciendas nacionales las diferencias ente los IVA repercutidos y los IVA soportados en origen.

El problema que se plantearía por la aplicación pura del principio de origen sería que el impuesto se percibiría por el país exportador que no es el país de consumo final. Dos problemas se plantean:

El primero, si el impuesto se percibe en el país de origen y no en el de consumo se estaría violando la naturaleza del IVA.

El segundo problema es el derecho a deducción del IVA por los sujetos al mismo, o a devolución en el caso de sujetos exentos que satisfacieron el IVA en el país de origen ocasionaría grandes problemas de tesorería, pues el país importador sería obligado jurídico cuando los ingresos IVA permanezcan en el país de origen o exportador.

En relación directa con este último problema hay que añadir que el IVA es en primer lugar, y ante todo, una fuente de ingresos nacional de primer orden en todos y cada uno de los Estados miembros. La aplicación pura del principio de origen, o la adopción de un sistema de compensación lento y complicado, puede plantear grandes problemas de Tesorería en la mayoría de los países miembros. Los Estados importadores de artículos cuyo IVA se satisfizo en origen deben recibir de este último estado, la devolución de dichas cantidades, para poder así cumplir con los derechos a deducción y devolución de sus nacionales, como sujetos pasivos del IVA pagado en origen. Por tanto, si se aplicara este tipo de principio de gravamen en origen, daría lugar a que determinadas Haciendas Nacionales, las de los Estados netamente importadores, perdieran buena parte de sus ingresos fiscales, los cuales, además, suponen una parte importante del PIB. Aparte de ello, los Estados importadores deberían responsabilizarse de las deducciones que sus nacionales realicen por el IVA soportado en el país de origen, de modo que la pérdida presupuestaria que les supondría que se pasara de pagar el impuesto en destino a hacerlo en origen, se uniría la derivada de la deducción por los sujetos pasivos del IVA soportado. En los casos de países netamente importadores de mercancías, puede resultar excesivamente gravosa a sus presupuestos nacionales una pérdida tan elevada de ingresos.

Por último, la aplicación del principio de origen conllevaría, no solamente problemas de índole jurídico sobre la soberanía del impuesto, o de tipo presupuestario en relación con los ingresos coactivos en todos y cada uno de los Estados miembros, sino, asimismo, un problema de Equidad Económica, puesto que ciertos países de la Unión Europea son estructuralmente exportadores, como lo es el caso de Alemania, y otros importadores, como por ejemplo España. Sin sistema de compensación, los primeros resultarán favorecidos en relación con los segundos.

De estos tres hechos:

- La naturaleza del IVA y los problemas de índole jurídico sobre la percepción de dicho impuesto.
- Los problemas presupuestarios y de tesorería.
- Los problemas de equidad económica…

se deduce la necesidad de poner en marcha un mecanismo de compensación, o lo que se denominó en el paquete Cockfield como *Clearing house*.

La aplicación del principio de origen trae consigo la eliminación de las fronteras fiscales, o puestos aduaneros, a efectos de recibir los impuestos debidos al tráfico de mercancías intracomunitarias; este hecho buscado desde sus orígenes por la Comisión cuyo voluntad era la de destruir el símbolo de la formalidad aduanera puede convertirse en un arma de doble filo; por un lado, es bueno y necesario para la realización de un Mercado interior que funcione igual que lo hacen todos y cada uno de los mercados nacionales de los Estados miembros por separado, pero por otro lado, posee un aspecto negativo si la supresión de los puestos aduaneros, eliminando todo control sobre el tránsito de personas y mercancías, facilita las compras transfronterizas con ánimo defraudatorio, al efecto de beneficiarse de la todavía existente diferencia de tipos entre países miembros, o bien se utiliza este hecho para el tráfico de estupefacientes o de armas. La supresión de los simbolismos aduaneros debe hacerse con cautela, y concretamente desde el punto de vista fiscal, debería contemplarse alguna clase de solución alternativa; quizás la misma puesta en práctica de *clearing* pudiera contemplar de alguna forma el tráfico de bienes finales (IVA incluido), para poder descubrir, llegado el caso, el ánimo defraudatorio en otros campos, será una batalla que han de emprender los encargados de la lucha contra el narcotráfico o de la lucha antiterrorista, estableciendo a tal efecto nuevos mecanismos de control a nivel comunitario.

Por último, cabe decir que los más graves inconvenientes a la utilización de este principio de gravamen en origen de las mercancías se provocan cuando persisten tipos de gravamen distintos del IVA entre los Estado miembros. Esto se debe a que la distribución del impuesto que soporta el consumidor final no es proporcional al valor añadido en cada uno de los países que intervienen en el proceso de producción o distribución de los bienes.

La imposición en el país de origen debe tener como efecto que los precios pagados por los consumidores de un determinado producto sean iguales con independencia de cuál fuera el país de origen del mismo. Las diferentes cargas ficales que existen entre los países miembros resultarían absorbidas por los productores por lo que, en teoría, los precios a los consumidores finales se igualarían a cambio de crear distintos márgenes de beneficio a los productores. Esto supondría una clara distorsión que atacaría frontalmente a la neutralidad exterior o internacional del tributo. Además, cabe prever que esa carga fiscal lejos de recaer sobre el productor se añada al precio final de los bienes por lo que los países de tipos impositivos más altos quedarían en desventaja competitiva sobre los de cargas fiscales más bajas, en una distorsión en el comercio interestatal debida a las diferencias en los tipos de gravamen entre los distintos países.

Por lo tanto, esto resulta uno de los principales motivos de que antes de la adopción del principio de gravamen en origen resulte necesario que se armonicen los sistemas fiscales de los Estados miembros con la previa aproximación de la estructura y los tipos de gravamen del impuesto.

La persistencia de tipos de gravamen diferenciados añadiría un segundo problema, debido a que la existencia de una parte de los sujetos de las relaciones comerciales entre los Estados, que no tienen derecho a deducirse el impuesto, puede provocar distorsiones claras en el comercio transfronterizo; dichos sujetos tenderán a realizar sus compras en los Estados que tengan un tipo impositivo más bajo que pueda proporcionarles un beneficio en el precio final de las mercancías[31].

EL MECANISMO DE COMPENSACIÓN

En cuanto al sistema de compensación hay que destacar el funcionamiento del mismo que es el siguiente: un sujeto pasivo que adquiriese bienes en otro Estado miembro pagaría la cuota impositiva y recibiría una factura IVA, solicitando a continuación la devolución de la cuota soportada en su propio Estado miembro. El sujeto pasivo debería presentar una liquidación del valor total de los bienes adquiridos en cada Estado miembro por separado, así como las correspondientes cuotas impositivas abonadas a los sujetos pasivos de cada uno de dichos Estados. Esta información se haría constar en un formulario ampliado de declaración del IVA o en un documento independiente que se adjuntaría a la declaración normal del IVA. Las administraciones de los Estados miembros acumularían las cuantías de las cuotas impositivas soportadas por cada uno de los restantes Estados miembros y en un momento determinado (normalmente una vez al año) se compensarían los créditos de los distintos Estados miembros. Los Estados miembros netamente exportadores, efectuarían pagos mensuales a cuenta, a fin de evitar perturbaciones en los flujos de los ingresos fiscales de cada país en el período comprendido entre dos compensaciones. En aras de la eficacia, el procedimiento de compensación anual se llevaría a cabo de forma centralizada, bajo la supervisión de los servicios de la Comisión. No obstante, continuaría siendo, en esencia, un sistema de regulación bilateral de los ingresos fiscales que se basaría en los datos sobre las cuotas impositivas soportadas comunicados por cada Estado miembro.

El problema que plantea dicho sistema es que el esfuerzo administrativo que exige continuaría siendo enorme, dado el número de transacciones imponibles que sería necesario registrar. Por otra parte, sería probablemente muy difícil conseguir un nivel razonable de concordancia entre los diferentes listados.

---

[31] Con tipo impositivo más bajo es previsible un precio más bajo de las mercancías.

Por consiguiente, en estas circunstancias es importante reconocer desde un principio que hay que afrontar dos problemas distintos, pero estrechamente relacionados entre sí. Uno de ellos es el funcionamiento del mecanismo de compensación en sí mismo y el otro es el funcionamiento de un sistema de inspecciones y comprobaciones cuya función sea verificar y reconocer las devoluciones que puedan solicitar las administraciones de los Estados miembros o, en última instancia, los sujetos pasivos en los respectivos Estados miembros. Estas dos funciones pueden ejercerse separadamente y en distintas fases, pero son dependientes entre sí. La operación de compensación, en sí misma, consiste en un tratamiento mecánico de las solicitudes de devolución de los Estados miembros, sujetas a verificaciones contables normales, pero es necesario que esté enlazada a un sistema de inspección más elaborado, de modo que las solicitudes de devolución puedan someterse en cualquier momento a un examen y, si fuera necesario, a una verificación detallada a posteriori. Una auditoría adecuada y pormenorizada efectuada a partir de documentos contables, así como un programa regular de comprobaciones son elementos esenciales para garantizar que las transferencias de fondos generadas por el funcionamiento del sistema de compensación reposen sobre una base fiable.

Por tanto, no es necesario que el sistema de compensación funcione a partir de los flujos bilaterales entre los Estados miembros. Puede funcionar simplemente mediante cargos y abonos a una cuenta central. Los países netamente exportadores ingresarán fondos en dicha cuenta y los países netamente importadores los retirarán de la misma. Esta es la forma más simple que puede presentar un mecanismo de compensación y su gestión es menos compleja y pesada, tanto para los sujetos pasivos como para las propias administraciones. Cada Estado miembro se responsabilizará de calcular su propia posición en la operación de compensación. Así pues, cada Estado miembro declarará cuánto debe ingresar o retirar mediante el mecanismo de compensación independientemente de la situación en que se encuentren los demás Estados miembros. Cada Estado miembro proporcionará a los servicios de la Comisión una declaración mensual con las cifras totales del IVA soportado y del IVA repercutido relativas al comercio intracomunitario del mes en cuestión. Dichas cifras serán el resultado de sumar el total del IVA repercutido por los sujetos pasivos en las ventas a otros Estados miembros y el total del IVA soportado en las compras y hechas en otros Estados miembros y cuya devolución se solicita. No será necesario hacer un desglose, por Estados miembros, del IVA soportado o repercutido. La declaración mensual irá acompañada, bien de una solicitud de devolución, bien de un pago, según el Estado miembro interesado sea un acreedor neto o un deudor neto en la cuenta de compensación en el mes en cuestión.

Hay que tener en cuenta que las declaraciones mensuales de los Estados miembros y los cargos o abonos que se efectúen en la cuenta de compensación a partir de las mismas nunca deberán considerarse como saldos finales de las cuentas IVA, sino como parte de un proceso en continuo movimiento. Ello es debido a que los Estados miembros realizan las declaraciones y la contabilización de las devoluciones del IVA en diferentes períodos, de acuerdo con un programa de reajuste escalonado para equilibrar la carga de trabajo. Por otro lado, en algunas ocasiones las devoluciones del IVA pueden dar lugar a pagos a cuenta más que a una deuda líquida y exigible. Estos factores y el carácter estacional de las corrientes comerciales influirán, sin duda alguna, en el nivel de los ingresos periódicos o las solicitudes de devolución, con respecto a la cuenta de compensación, que hagan los Estados miembros. El sistema de compensación quedará sometido, no obstante, a inspecciones contables internas rigurosas y periódicas.

Otra característica importante de este sistema es que en la cuenta de compensación se registrará el total del IVA recaudado sobre las ventas intracomunitarias, pero sólo se registrarán las solicitudes de devolución del IVA soportado presentadas por los sujetos pasivos en cada Estado miembro. Por lo tanto, la cuenta de compensación registrará un superávit aproximadamente igual al IVA recaudado por las ventas intracomunitarias a empresas exentas del IVA y a otras entidades, así como a particulares. Está previsto que dicho superávit se redistribuya periódicamente entre los Estados miembros. Hay que tener en cuenta que todas las ventas al por menor dentro de los Estados miembros quedarán excluidas del procedimiento de compensación pero que, en cambio, se incluirán las ventas por correspondencia entre los Estados miembros.

Este sistema permitirá incorporar directamente en las declaraciones periódicas de IVA presentadas por los sujetos pasivos, los datos necesarios para las operaciones de compensación. No será necesario que los sujetos pasivos presenten las cifras de las cuotas impositivas soportadas por las compras efectuadas en cada Estado miembro. No será preciso, por lo tanto, elaborar una declaración distinta. Cada sujeto pasivo tendrá que cumplimentar simplemente dos rúbricas suplementarias en la declaración normal indicando los totales del IVA soportado y repercutido en los intercambios intracomunitarios efectuados en el período[32].

En lo que se refiere a la gestión centralizada, se propone que los servicios de la Comisión se responsabilicen del funcionamiento de la cuenta de compensación, así como de la supervisión y coordinación. En el marco de las operaciones de centralización, los servicios de la Comisión llevarán mensualmente las cuentas corrientes de las operaciones de compensación de cada uno de los Estados miembros en el mes en cuestión y en las mismas se registrarán mensualmente los ingresos/devoluciones que se hayan producido. El período mensual de ingresos /devoluciones se considera lo suficientemente corto como para reducir al mínimo cualquier consecuencia perjudicial sobre los ingresos de los países que sean acreedores netos del sistema, y, de este modo, no será necesario realizar pagos a cuenta. Del mismo modo, puesto que el sistema se basará en declaraciones reagrupadas por los Estados miembros en períodos mensuales, no será necesario calcular el saldo anual.

11. LA REGLA DE LA PRORRATA. DEDUCCIÓN DEL IVA SOPORTADO

Las cuotas soportadas se pueden deducir por empresarios o profesionales sujetos pasivos del IVA, incluyendo las personas que adquieren esa condición de forma ocasional por haber efectuado una entrega intracomunitaria de medios de transporte nuevo. Con ciertos requisitos, pueden deducirse también las cuotas soportadas antes del inicio de la actividad económica.

---

[32] Por tanto, el IVA repercutido en sus exportaciones intracomunitarias y el IVA soportado en sus importaciones intracomunitarias.

Los requisitos formales son la factura original completa o documento acreditativo equivalente (por ejemplo, documento de aduana en las importaciones, recibo firmado en compras a sujetos pasivos del régimen especial de Agricultura, Ganadería y Pesca, etc.).

El derecho a deducir puede ejercerse desde el momento en que se devengan las cuotas soportadas, suponiendo que se cumplen los demás requisitos anteriores, y se ejerce mediante las declaraciones-liquidaciones periódicas (trimestrales o mensuales) que presentan los sujetos pasivos. Cuando la diferencia sea negativa, el exceso puede ser compensado en las declaraciones posteriores, dentro del plazo de cuatro años, o bien solicitar la devolución (hasta el año 2008, sólo en la última declaración correspondiente a cada año; desde el año 2009, es posible obtener la devolución mensual de los saldos negativos[33]).

La regla de la prorrata tendrá dos modalidades de aplicación: General o Especial (art. 103 LIVA).

PRORRATA GENERAL

La regla de la prorrata general se aplica cuando el sujeto pasivo efectúa conjuntamente operaciones con y sin derecho a deducción, y no sea de aplicación la prorrata especial.

Las cuotas de IVA soportadas son deducibles en el porcentaje que representan las operaciones con derecho a deducción respecto al total de operaciones.

Solo se computan las operaciones realizadas por el sujeto pasivo en el desarrollo de su actividad empresarial o profesional, no las realizadas al margen de la actividad o en sector diferenciado.

En los casos de aplicación de la regla de prorrata general, sólo será deducible el impuesto soportado en cada periodo de liquidación en el porcentaje que resulte (art. 104.1 LIVA).

---

[33] El sistema tiene carácter voluntario, creándose un registro específico para ello. Las declaraciones deberán presentarse por vía telemática utilizando el modelo 303 con periodicidad mensual.

No se computarán en el impuesto sobre el valor soportado las cuotas que no sean deducibles en virtud de lo dispuesto en los arts. 95 y 96 de la LIVA.

El porcentaje de deducción a que se refiere el apartado anterior se determinará multiplicando por 100 el resultante de una fracción en la que figuren:

En el numerador, el importe total, determinado para cada año natural, de las entregas de bienes y prestaciones de servicios que originen el derecho a la deducción, realizadas por el sujeto pasivo en el desarrollo de su actividad empresarial o profesional o, en su caso, en el sector diferenciado que corresponda.

En el denominador, el importe total, determinado para el mismo periodo de tiempo, de las entregas de bienes y prestaciones de servicios realizadas por el sujeto pasivo en el desarrollo de su actividad empresarial o profesional o, en su caso, en el sector diferenciado que corresponda, incluidas aquellas que no originen el derecho a deducir.

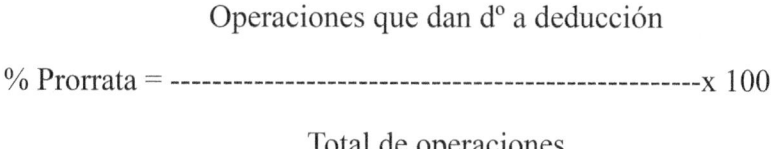

$$\% \text{ Prorrata} = \frac{\text{Operaciones que dan d° a deducción}}{\text{Total de operaciones}} \times 100$$

El porcentaje de la prorrata se redondea siempre a la unidad superior, es decir, se redondea por exceso.

No se computan en el numerador ni en el denominador de la fracción:

- Las realizadas desde establecimientos permanentes situados fuera del territorio del IVA.
- Las cuotas del IVA, que hayan gravado directamente las operaciones a que se refiere el apartado anterior.
- Las entregas y exportaciones de bienes de inversión utilizados por el sujeto pasivo en su actividad (reventa de estos bienes).
- Operaciones financieras, exentas o no y las inmobiliarias, que no sean actividad habitual del sujeto pasivo (los arrendamientos siempre son

actividad habitual) que tengan el carácter de accesorias según la Sexta Directiva. La DGT considera que se da habitualidad y se computan cuando su número es elevado o los ingresos son elevados (DGT 29-01-1994).

- Las operaciones no sujetas al IVA del art. 7 LIVA (y exentas del art. 20 LIVA).
- Los autoconsumos de bienes consistentes en la afectación o cambio de afectación de bienes para su utilización como bienes de inversión: la adquisición que se produce con el autoconsumo es la que deberá regularizarse.

PRORRATA ESPECIAL

Se aplica cuando el sujeto pasivo que realiza entregas de bienes y prestaciones de servicios con y sin derecho a deducción opten por la prorrata especial y obligatoriamente cuando aplicando la prorrata general el total de las cuotas deducibles en un año natural exceda en un 10% de la que resultaría aplicando la prorrata especial (art. 103 LIVA).

La prorrata especial pretende conseguir una deducción exacta de las cuotas soportadas según el destino de los bienes y servicios adquiridos por la empresa, para lo cual es preciso distinguir las cuotas soportadas en la compra de:

- Bienes y servicios utilizados exclusivamente en actividades con derecho a deducción. En este caso podrán deducirse íntegramente.
- Bienes y servicios utilizados exclusivamente en actividades sin derecho a deducción. En este caso no podrán ser objeto de deducción.
- Bienes y servicios utilizados sólo en parte en operaciones con derecho a deducción se deducen en el porcentaje de la prorrata general.

12. LOS REGÍMENES ESPECIALES DEL IVA

Junto al régimen general del IVA, existen una serie de especialidades en relación con diferentes bienes, sectores o actividades. Tal circunstancia justifica la existencia de regímenes especiales, de ámbito de aplicación y contenido diverso (arts. 120 a 163 LIVA y arts. 33 a 61 RIVA).

Dentro de los regímenes especiales del IVA hay dos modalidades: Voluntarios y Obligatorios.

En cuanto a los regímenes voluntarios se pueden señalar los siguientes:

a) Régimen Simplificado.
b) Régimen especial de la agricultura, ganadería y pesca.
c) Régimen especial de bienes usados, objetos de arte, antigüedades y objetos de colección.
d) Régimen especial aplicable a los servicios prestados por vía electrónica.
e) Régimen especial del grupo de entidades.

En cuanto a los regímenes obligatorios se pueden señalar los siguientes:

a) Régimen especial de recargo de equivalencia.
b) Régimen especial aplicable a las operaciones con oro de inversión.
c) Régimen especial de agencias de viajes.

A continuación, hay que resaltar los aspectos esenciales de los regímenes especiales más relevantes:

- Régimen Especial Simplificado (RES): es un régimen voluntario cuyo objetivo es simplificar las obligaciones formales de la pequeña empresa, en coordinación con la estimación objetiva en el IRPF. Aplicable, salvo renuncia o exclusión, a personas físicas o entidades en atribución de rentas que realicen actividades sujetas a estimación objetiva en el IRPF. En relación a su contenido, lo característico de este régimen es que las cuotas devengadas por operaciones corrientes se determinan a través de módulos, y no aplicando un tipo impositivo a la base imponible. De igual modo, de las cuotas devengadas así obtenidas se restan las cuotas efectivamente soportadas en compras de bienes y servicios corrientes, añadiendo el 1% de la cuota devengada por operaciones corrientes en concepto de cuotas soportadas de difícil justificación. El resultado es la cuota derivada del régimen simplificado.

Esta cuota no podrá ser inferior a una cuota mínima (resultado de aplicar la cuota devengada el porcentaje que para cada actividad señala la orden de módulos). Al resultado anterior se le suman las cuotas devengadas en AIB, entregas de activos fijos y operaciones con inversión del sujeto pasivo, y se le restan las soportadas en la compra de activos fijos, obteniendo la cuota de la actividad en régimen simplificado. Del resultado anterior se restan los ingresos a cuenta efectuados durante el ejercicio (declaraciones trimestrales realizadas en los primeros 20 días de abril, junio y octubre, en las que el ingreso se calcula aplicando el % que señala la orden de módulos a la cuota devengada por operaciones corrientes obtenida según los módulos vigentes a 1 de enero), así como las compensaciones de períodos anteriores pendientes de aplicación. Con ello se obtiene el resultado de la liquidación final.

- Régimen Especial de Recargo de Equivalencia: es un régimen obligatorio para el comercio minorista efectuado por personas físicas o entidades en régimen de atribución de rentas, que tiene por objeto reducir sus obligaciones materiales y formales en relación con el impuesto, trasladándolas a sus proveedores. No se aplica a determinados sectores[34]. ¿Cómo funciona el recargo de equivalencia? El proveedor repercute al minorista, además del IVA, un recargo sobre las compras efectuadas, del 5,2%, el 1,4% o el 0,5% (según el tipo del IVA al que esté sometido la operación). En las AIB, importaciones y operaciones con inversión del sujeto pasivo, es el propio minorista el obligado a liquidar y pagar el IVA y el recargo. El minorista, por su parte, repercute el IVA en las ventas efectuadas, pero no presenta declaraciones periódicas. El recargo es ingresado en Hacienda por el proveedor al hacer su liquidación de IVA, como parte del IVA devengado. Con ello se consigue que el minorista pague en sus compras, a través del recargo, aproximadamente el IVA que debería ingresar mediante la

---

[34] Joyerías, peleterías, concesionarios de coches, venta de embarcaciones y aviones, objetos de arte, aparatos para la avicultura y apicultura, productos petrolíferos, materiales para la construcción de edificaciones, hierros, aceros, metales y el oro de inversión.

declaración, si la hiciera, quedando trasladada al proveedor la obligación formal de realizar dicho ingreso.

Por último, hay que señalar los siguientes aspectos esenciales en relación a algunos de los regímenes especiales del IVA:

- Los regímenes especiales simplificado y de la agricultura, ganadería y pesca se aplicarán salvo renuncia de los sujetos pasivos, ejercitada en los plazos y forma que se determinen reglamentariamente.
- El régimen especial de los bienes usados, objetos de arte, antigüedades y objetos de colección se aplicará exclusivamente a los sujetos pasivos que hayan presentado la declaración prevista en el art. 164.1.1 LIVA, relativa al comienzo de las actividades que determinan su sujeción al impuesto.
- El régimen especial de los bienes usados, objetos de arte, antigüedades y objetos de colección se aplicará salvo renuncia de los sujetos pasivos, que podrá efectuarse para cada operación en particular y sin comunicación expresa a la Administración.
- El régimen especial aplicable a los servicios prestados por vía electrónica se aplicará a aquellos operadores que hayan presentado la declaración prevista en el art. 163 ter LIVA, relativa al comienzo de la realización de las prestaciones de servicios electrónicos efectuadas en el interior de la Comunidad.

13. OBLIGACIONES FORMALES

A tenor del art. 164 LIVA los sujetos pasivos del IVA están obligados a:

a) Presentación de declaraciones relativas al comienzo, modificación y cese de la actividad. MODELO 036 y 037 = Declaración censal.

b) Solicitud ante la Administración el Número de Identificación Fiscal, y comunicarlo y acreditarlo en los supuestos que se establezcan (NIF = Persona física; Empresario individual o CIF = Persona jurídica; Sociedades). Modelo 036 y 037 = Declaración censal.

c) Expedir y entregar facturas o documentos análogos de todas sus operaciones y conservar duplicado de las mismas.

d) Llevar la contabilidad y los Libros Registros, que se establezcan en la forma definida reglamentariamente, sin perjuicio de lo dispuesto en el Código de Comercio y demás normas contables.

e) Presentar periódicamente, o a requerimiento de la Administración, información relativa a operaciones económicas con terceras personas, y en particular, una declaración recapitulativa de operaciones intracomunitarias. (Modelo 349 = Declaración recapitulativa de operaciones intracomunitarias).

f) Presentación de las declaraciones-liquidaciones correspondientes (MODELO 303, 310) y declaraciones resúmenes anuales (MODELO 390) e ingresar el importe del impuesto resultante.

g) Nombrar un representante fiscal, cuando se trate de sujetos pasivos no establecidos en la Comunidad Europea, salvo que se encuentren establecidos en Canarias, Ceuta o Melilla o en un Estado con el que existan instrumentos de asistencia mutua análogos a los instituidos en la Comunidad.

En cuanto a los Libros Registros, los empresarios o profesionales y otros sujetos pasivos del IVA deberán llevar, con carácter general, los siguientes (art. 62 RIVA):

- Libro Registro de Facturas Expedidas.
- Libro Registro de Facturas Recibidas.
- Libro Registro de Bienes de Inversión.
- Libro Registro de determinadas Operaciones Intracomunitarias.

En cuanto a los plazos de presentación, todas las operaciones realizadas por el sujeto pasivo deben quedar anotadas en los Libros Registros correspondientes en cada período de liquidación, trimestrales o mensuales (grandes empresas) y se debe presentar una declaración-liquidación única.

En las declaraciones trimestrales: del 1 al 20 del mes siguiente al período de liquidación = 1 al 20 de abril, 1 al 20 de julio, 1 al 20 de octubre.

Las liquidaciones del cuarto trimestre = del 1 al 30 de enero.

En las declaraciones mensuales:

Del 1 al 20 del mes siguiente al período de liquidación.

Las declaraciones de julio pueden presentarse hasta el 20 de septiembre.

Las declaraciones del cuarto trimestre = del 1 al 30 de enero.

Por último, respecto al lugar de presentación:

➢ Liquidaciones a ingresar: Delegación de la Administración o entidades colaboradoras (Bancos).
➢ Liquidaciones a devolver: Delegaciones de la Administración Tributaria o entidades colaboradoras.
➢ Liquidaciones a compensar o sin actividad: por correo certificado o Delegaciones de la Administración.

REFERENCIAS BIBLIOGRÁFICAS

AEAT. *Manual Práctico de Renta 2022*. AEAT, 2022.

AEAT. *Manual Práctico de Sociedades 2022*. AEAT, 2022.

AEAT. *Manual Práctico de IVA 2023*. AEAT, 2023.

AHIJADO QUINTILLÁN, M. *Lecturas sobre Unión Económica y Monetaria europea*. Editorial Pirámide, 2004.

ALARCÓN GARCÍA, G. *Manual del Sistema Fiscal Español*. Editorial Paraninfo, 2005.

ALBI IBÁÑEZ, E. *Sistema fiscal español*, Tomo I. Editorial Ariel, 23ª Edición, 2008.

ALBI IBÁÑEZ, E. *Sistema fiscal español II: Impuesto sobre Sociedades. Tributación de no residentes. Imposición indirecta. Otros impuestos (Economía y Empresa)*. Editorial Ariel, 12ª Edición, 2021.

ALCALÁ SACRISTÁN, C. *Manual de aplicación de los Tributos*. Instituto de Estudios Fiscales, 2008.

ALDECOA LUZÁRRAGA, F. *Una Europa. Su proceso constituyente 2000-2003: la innovación política europea y su dimensión internacional. La Convención, el Tratado Constitucional y su política exterior*. Biblioteca Nueva, 2003.

ALGUACIL MARÍ, P. *Fiscalidad de la empresa*. Editorial Diálogo, 2006.

BANCO DE ESPAÑA. El camino hacia la Unión Europea. *La Unión Económica y Monetaria*. Eurosistema. www.bde.es

BERMEJO BATANAERO, F. *Historia Jurídica de la Integración Europea*. Editorial Dykinson, 2ª Edición, 2021.

CALLE SAINZ, R. "Balance y perspectivas de la armonización fiscal en la Unión Europea". *Revista Hacienda Pública Española,* págs. 125-148, Número extra 1997.

CORONA MARTÍN, J.F. *Introducción a la Hacienda Pública,* Editorial Barcanova, 1991.

CUBERO TRUYO, A. *Los Impuestos Compendio de Derecho Fiscal*. Editorial Tirant lo Blanch, 2021.

DELORS, J. *1992: un año bisagra. Discurso del presidente Jacques Delors ante el Parlamento Europeo. Del Acta Única Europea al post-Maastricht: los medios de nuestras ambiciones*. Boletín de las Comunidades Europeas, 1/1992.

FALCÓN Y TELLA, R. "Introducción al Derecho Financiero y Tributario de las Comunidades Europeas". *Revista de las Cortes Generales,* nº 15, págs. 437-446, 1988.

FUENTES QUINTANA, E. *Hacienda Pública, principios y estructura de la imposición.* Editorial Autor-Editor, 1986.

LÓPEZ ESPADAFOR, C.M. *Bases de la Fiscalidad Internacional y de la Unión Europea.* Colección Fiscalidad. Editorial Dykinson, 2020.

MARTÍN QUERALT, J. ET AL. *Manual de Derecho Tributario. Parte especial.* Editorial Aranzadi, 19ª Edición, 2022.

MATA SIERRA, M.T. *El IVA comunitario: configuración del sistema definitivo.* Editorial Lex Nova, 1995.

MENÉNDEZ MORENO, A. *Derecho Financiero y Tributario. Parte General.* Editorial Civitas Thomson Reuters, 2017.

MONTAGNIER, G. "Harmonisation fiscale communautaire" *Revue Trimestrielle de Droit Européen,* Vol. 29, Número 2, págs. 299-330, 1993.

MUSGAVE, R. *Hacienda Pública Teórica y Aplicada.* Instituto de Estudios Fiscales, 1991.

NEUMARK, F. *Principios de la imposición.* Biblioteca de Derecho Tributario. Ediciones Jurídicas Olejnik, 2023.

NIETO SOLÍS, J.A. *Fundamentos y políticas de la Unión Europea.* Editorial Siglo XXI, 2ª Edición, 1998.

OMEÑACA GARCÍA, J. *Contabilidad General.* Editorial Deusto, 14 ª Edición, 2021.

POZO SERRANO, P. "Las repercusiones del Brexit sobre el proceso de paz de Irlanda del Norte: consideraciones provisionales". *Revista Española de Derecho Internacional,* Vol. 72/1, págs. 137-161, enero-junio 2020.

REY POMBO, J. *Contabilidad General.* Editorial Paraninfo, 3ª Edición, 2022.

SÁNCHEZ GALIANA, J.A. "Los monopolios fiscales tras el Tratado de la Unión Europea, en Sistema fiscal español y armonización europea". *Impuestos: Revista de doctrina, legislación y jurisprudencia,* año nº 11, Número 1, 1995.

SÁNCHEZ GALIANA, J.A. "Los monopolios fiscales y el derecho constitucional a la libertad de iniciativa económica privada". *El sistema económico en la Constitución española, Ministerio de Justicia,* 1994.

SOLÉ ESTALELLA, J. *El IVA inteligente.* Editorial Marcial Pons, 2012.

TAMAMES, R. *La Unión Europea.* Alianza Editorial, 5ª Edición, 2002.